# 封闭型创新网络的结构和内在机理研究

## ——以东营市石油装备制造业为例

马 双 著

中国财经出版传媒集团
中国财政经济出版社

## 图书在版编目（CIP）数据

封闭型创新网络的结构和内在机理研究：以东营市石油装备制造业为例／马双著．—北京：中国财政经济出版社，2019.8

ISBN 978-7-5095-9042-3

Ⅰ.①封… Ⅱ.①马… Ⅲ.①石油化工设备-装备制造业-技术革新-研究-东营 Ⅳ.①F426.22

中国版本图书馆 CIP 数据核字（2019）第 121196 号

责任编辑：彭　波　　　　　　　　责任校对：张　凡
封面设计：孙俪铭

中国财政经济出版社　出版

URL：http://www.cfeph.cn

E-mail：cfeph@cfemg.cn

（版权所有　翻印必究）

社址：北京市海淀区阜成路甲 28 号　邮政编码：100142
营销中心电话：010-88191537
北京财经印刷厂印装　各地新华书店经销
710×1000 毫米　16 开　12.5 印张　200 000 字
2019 年 8 月第 1 版　2019 年 8 月北京第 1 次印刷
定价：58.00 元
ISBN 978-7-5095-9042-3
（图书出现印装问题，本社负责调换）
本社质量投诉电话：010-88190744
打击盗版举报热线：010-88191661　QQ：2242791300

# 总　　序

长江全长 6397 千米,是世界第三大长河,流域面积 180 万平方千米。长江经济带包括上海、江苏、浙江、安徽、江西、湖北、湖南、重庆、四川、贵州、云南九省二市,2015 年,其土地面积为 205 万平方千米,占全国国土总面积的 21.3%；人口为 5.9 亿,占全国的 43.7%；国内生产总值为 30.53 万亿元,占全国的 45.12%,是横跨我国东中西三大不同类型区的巨型经济带,也是世界上人口最多、产业规模最大、城市体系最为完整的流域,在中国发展中发挥着十分重要的作用。

协同发展（Coordinated Development）是指协调两个及两个以上的不同资源、个体,相互协作围绕某一具体目标,达到共同发展的过程。协同发展论与达尔文进化论不同,强调竞争不以优胜劣汰、置对方于死地为目的,而是通过发挥双方各自特长,通过制度、体制、科技、教育、文化的创新,实现双方的共同发展和社会共同繁荣。协同发展的理论根基为协同学。而协同学（Synergeics）由德国斯图加特大学教授、著名物理学家赫尔曼·哈肯（Harmann Haken）于 1971 年首次提出,并在 1976 年发表的《协同学导论》著作中进行了系统论述,它是一门跨越自然科学和社会科学的新兴交叉学科,是研究系统内部各子系统之间通过相互合作共享业务行为和特定资源,而产生新的空间结构、时间结构、功能结构的自组织过程和规律的科学。1990 年以来,随着冷战的结束、经济全球化的发展,协同学逐渐被引入到地理学、经济学、管理学、社会学等学科领域,并得到了进一步发展和应用。

放眼全球,受经济全球化不断深化的影响,协同发展论已经成为当今世界许多国家和地区实现社会可持续发展的理论基础,欧盟已将协同发展作为推进欧洲一体化的指导思想与原则，并据此制定了一系列涉及世界城市群建设、创新网络、经济互动、社会共享等领域的纲领和政策措施，并取得了显著成效。回眸域内，长江经济带建设是我国新时期与"一带一路"、京津冀协同发展并列的三大国家发展战略之一。2013年7月21日，习近平总书记在湖北考察时指出，"长江流域要加强合作，发挥内河航运作用，把全流域打造成黄金水道"；2014年3月5日，李克强在2014年《政府工作报告》中首次提出"要依托黄金水道，建设长江经济带"；2014年9月25日，国务院发布了《关于依托黄金水道推动长江经济带发展的指导意见》（国发〔2014〕39号），明确了长江经济带的地域范围、奋斗目标和发展战略；2016年3月18日发布的《中华人民共和国国民经济和社会发展第十三个五年规划纲要》指出，推进长江经济带发展，建设沿江绿色生态廊道，构建高质量综合立体交通走廊，优化沿江城镇和产业布局，坚持生态优先、绿色发展的战略定位，把修复长江生态环境放在首要位置，推动长江上中下游协同发展、东中西部互动合作，建设成为我国生态文明建设的先行示范带、创新驱动带、协调发展带。

展望未来，长江经济带在我国国民经济带发展中肩负着重要的历史使命，必须在践行创新、协调、绿色、开放、共享的发展理念、在协同发展、科技创新等方面率先垂范。有鉴于此，依托教育部人文社科重点研究基地"华东师范大学中国现代城市研究中心"、上海市哲社重点研究基地"华东师范大学长三角一体化研究中心"、上海市人民政府决策咨询研究基地曾刚工作室、华东师范大学城市发展研究院，在教育部中国特色世界一流大学和一流学科建设计划、上海高等学校高峰学科和高原学科建设计划等的支持下，在笔者主持的长江经济带系列研究项目的基础上，编著、出版《长江经济带协同发展的过程、机理、管治》丛书，全面系统探讨长江经济带不同空间层级、不同专题领域的协同发展、创新发展问题，以期为长江经济带科学规划、健康发展提供理论和应用参考。

在丛书的编写和出版过程中，上海市人民政府发展研究中心、华东师范大学长江经济支撑带协同创新中心、中国长江经济带研究会（筹）等单位、组织的领导和工作人员给予了大力支持，中国财政经济出版社为本书顺利出版付出了大量心血，特此致谢！

需要特别说明的是，长江经济带协同发展是一个重大而复杂的理论与应用命题，迫切需要社会各界协同探索。受多方面条件所限，本套丛书谬误之处在所难免，恳请读者批评指正！

**华东师范大学终身教授　曾刚**

2016 年 5 月于华东师大丽娃河畔

# 前　言

创新网络不仅能促进信息资源交流和创造机会，而且还可以增进行为主体间的相互关系，克服到底是选择合作还是"搭便车"的两难困境，创新网络的形成和发展有利于企业核心。然而，究竟何种网络结构对企业创新的促进作用更大？部分学者认为，网络封闭有利于区域行为规范的制定，有利于形成共同的日常惯例，能增强网络凝聚力，提高信任程度，从而推动主体间的联系和合作；但"结构洞"理论学者认为，创新网络资本并非来源于网络封闭，而是来自网络中不同孤立节点间的非冗余联结和中介信息。弱联结比强联结更有可能在全新的、实时的信息交流中起到桥梁作用，开放式创新对产业集群发展具有积极影响。石油装备制造业具有封闭性、内生性的产业特性。中国石油装备制造业具有与西方发达国家不同的发展历程、企业特性和政策环境。

2009 年，中国装备工业产值规模超过美国、日本、德国等发达国家，列全球首位。2010 年，我国超越美国成为世界第一大能源消费国。作为为国家能源开采提供技术设备的战略性产业，石油装备制造业技术能力的提升不仅对自身的产业升级有大有裨益，还能通过产业链的知识溢出和技术扩散效应，促进上下游其他相关产业的发展。目前，我国经济正处在"创新驱动，转型发展"的重要时期，能源产业效率的提升、产业技术水平的提高、环境保护目标的实现均依赖于石油装备制造业创新能力增强。山东省东营市是我国石油装备规模最大、发展水平最高、创新环境最好、产业最集中的石油装备制造业基地。研究东营市石油装备制造业创新网络不仅有利于厘清封闭型创新网络结构和内在机理，而且还有助于确定封闭性创新网络对企业创新的影响。

### 封闭型创新网络的结构和内在机理研究

本书以中德合作研究项目"中国装备工业企业创新合作网络研究"、国家自然科学基金面上项目"层级式产业集群内部技术权力突破与创新升级研究"等国际级、国家级课题为支撑,在梳理封闭性、"结构洞"理论等创新网络研究成果的基础上,借助东营市石油装备制造业1988~2013年联合发明专利数据、2013年中国(东营)国际石油石化装备与技术展览会企业调查问卷、17家东营市石油装备制造企业访谈记录,运用社会网络分析、空间计量分析等分析方法,对封闭型创新网络结构和内在机理以及东营市装备制造业创新网络特征、组织结构、内部激励进行了系统的分析研究。

本书共分七章。第一章基于经济地理学视角,从不同维度论述了创新网络研究的理论背景和实践意义。强调了知识经济时代创新研究特别是基于合作网络范式的创新研究的重要性,同时也强调了承担经济增长和技术进步的"大国重器"——装备制造业——所扮演的重要角色。

第二章基于经济地理学视角对集群创新网络的研究进行述评。国内外经济地理学者对集群创新网络的相关议题进行了系统的研究,形成了一系列学术成果。本书主要从创新网络的行为主体和结构、网络类型和联系途径、网络演化、内外生动力等方面对相关研究进行了归纳总结,并指出目前学界对创新网络的研究所存在的强联系和弱联系、网络开放性和封闭性的争论点,同时也缺乏对创新网络及其子网络更加细致的定量刻画。

第三章论述了创新网络的经济地理学基础。根据集群创新网络的研究目标,从产业集群、区域创新系统、全球生产网络等理论出发,对产业集群的内涵和类型、形成与演化,区域创新网络的基本特征和内涵、评判标准和系统类型、区域创新环境和演化,全球生产网络与区域发展的相互关系进行系统梳理和分析,总结各理论的分析框架、主要学术思想和研究脉络。

第四章分析了石油装备制造业的主要特征与格局。首先,对世界石油公司和油田服务公司的发展情况进行介绍,然后对石油装备制造业企业特别是我国的石油装备制造业的发展情况和空间格局进行介绍。在此基础上,通过文献梳理和逻辑推理,对石油装备制造业的共性和特性、产业链和创新链进行分析,进而得出石油装备制造业创新网络的基本特征,为之后东营市石油装备制造业的实证分析做铺垫。

第五章介绍了东营市石油装备制造业的发展历程并对现状进行评价。基于企业和区域史料,对东营市石油装备制造业的发展历程进行阶段划分和概况梳理,对起步阶段、发展阶段和腾飞阶段各行为主体(特别是胜利油田及其附属单位)及创新网络情况进行介绍。之后,从产值规模、企业数量、创新能级、国内地位等方面对比分析东营和国内其他石油装备制造业基地的发展情况,详细介绍东营市石油装备制造业的发展现状。在大量相关文献的基础上,系统构建区域创新环境评价指标体系,科学评价国内几大著名石油装备制造业基地的区域创新环境。

第六章对东营市石油装备制造业创新网络的结构进行了可视化表达与定量分析。利用 Ucinet、ARCGIS、Coreldraw 等分析工具对东营市石油装备制造业创新网络的主体构成、网络形态和空间结构进行科学刻画和度量,明晰东营市石油装备制造业创新网络在不同空间尺度上的结构特征,探究何种创新主体、何种空间尺度是主体创新联系的多发领域。在描绘整体网络的基础上,利用群簇分析法对子网络的基本特征和网络构成进行分析,掌握创新主体的结网偏好、空间敏感性、联系强度和网络开放/封闭程度。

第七章深度剖析了东营市石油装备制造业创新网络发展的内在机理。在对东营市重点企业、行业协会、政府相关部门和石油装备展览会进行实地访谈和调研问卷的基础上,深度剖析东营市石油装备制造业创新网络发展的内在机理和动力机制,明晰创新主体实现本地及跨区域联系的主要途径,分析社会资本、网络封闭性和强联系对创新绩效和主体结网选择的影响。

感谢我的导师——华东师范大学城市与区域科学学院曾刚教授,不仅在本书写作过程中给予我诸多指导和建议,还为本书的编排和出版提供了巨大支持。在其帮助下,笔者有幸参与相关项目研究和实地调研,得以接触和获取国内外前沿学术思想和宝贵的一手数据资料。感谢东营市经信委等相关部门精心组织安排企业访谈和实地调研,这为本书的编写提供了强有力的支撑。最后还要感谢德国汉诺威大学 Ingo Liefner 教授,德国吉森大学 Sabine Jessberger 博士,我的同门吕国庆、朱贻文、叶琴、顾娜娜为本研究提供的帮助和支持。

作为一项探索性研究，本书还不尽完善，希望以此抛砖引玉，为更多学者开展创新网络研究提供基础。对于诸多不完善之处，恳请各位同行批评指正。

马双

2018年10月于上海社会科学院

# 目 录

**第一章 研究背景与意义** ································· 1

**第二章 相关研究进展和述评** ····························· 6
    第一节 创新网络的行为主体与结构 ······················· 6
    第二节 创新网络的类型与联系途径 ······················ 28
    第三节 创新网络的演化及其内在机理 ···················· 32
    本章小结 ·············································· 45

**第三章 集群创新网络的经济地理学基础** ················· 48
    第一节 产业集群 ······································· 48
    第二节 区域创新系统 ··································· 56
    第三节 全球生产网络 ··································· 71
    本章小结 ·············································· 82

**第四章 石油装备制造业的主要特征与格局** ··············· 83
    第一节 世界石油工业企业发展概况 ······················ 83
    第二节 中国石油装备制造业发展概况 ···················· 89
    第三节 石油装备制造业的组织结构和关键特征 ············ 92
    本章小结 ············································· 104

**第五章 东营市石油装备制造业的发展历程和现状评价** ··· 106
    第一节 东营市石油装备制造业发展历程 ················· 106

第二节　东营市石油装备制造业现状评价 …………………… 108
   本章小结 …………………………………………………………… 117

**第六章　东营市石油装备制造业创新网络的结构特征分析** … 119
   第一节　数据来源及处理方法 …………………………………… 120
   第二节　东营石油装备制造业网络主体的整体情况 …………… 123
   第三节　不同空间尺度的创新网络结构分析 …………………… 128
   第四节　网络封闭性与企业创新绩效 …………………………… 131
   本章小结 …………………………………………………………… 136

**第七章　东营市石油装备制造业创新网络的内在机理** ……… 137
   第一节　调研实施 ………………………………………………… 138
   第二节　东营市石油装备制造业的产业链分析 ………………… 140
   第三节　东营市石油装备制造企业创新合作的结网途径 ……… 142
   本章小结 …………………………………………………………… 154

**附录** ……………………………………………………………………… 155
   附录一　东营石油装备制造企业访谈提纲 ……………………… 155
   附录二　"中国装备制造业创新研究"调研问卷 ……………… 156
   附录三　2013年东营市油田装备制造业部分改制企业名单 …… 161

**参考文献** ……………………………………………………………… 164

# 第一章

# 研究背景与意义

经济地理学界对于产业集群的研究已经有40多年的历史,而产业集群内各企业的邻近效应对创新的影响已成为学术界的热点议题。为了评估经济活动的本地网络以及它们成为区域演化发展推动力的能力,将产业集群置于知识创造过程之中是极为重要的。创造、整合、扩散和共享现存和新知识是知识密集型经济体形成竞争力和经济发展的关键。这些过程极大地促进了产业集群的发展。

## 一、经济地理学的关系转向

随着经济全球化活动加快各要素在全球范围内流动,曾经相对稳定的经济活动空间变化越来越快,区域内创新主体与各空间尺度的主体交织在一起,形成关系密切的合作网络[1](Castells,1996)。20世纪90年代,在经济地理学和其他诸如经济学和社会学等社会科学中出现了一个极具争议性的话题,这个话题聚焦于新经济地理学应该表征什么样的研究过程、主要驱动力和方法论[2](Perron,2001)。Bathelt 和 Glückler (2003) 认为经济地理学已经向关系经济地理的范式转变:首先,从结构主义的视角来

---

[1] Castells M. Rise of the Network Society: The Information Age: Economy, Society and Culture [M]. Blackwell Publishers, Inc. 1996.
[2] Perrons D. Towards a More Holistic Framework for Economic Geography [J]. Antipode, 2001, 33 (2): 208–215.

看,各经济要素处于社会和制度关系的环境之中。其次,从动态变化的视角来看,经济活动具有路径依赖性和历史局限性。最后,经济主体开放式的策略和活动使得经济活动具有偶然性[①]。基于学界比较公认的 Storper (1997) 的三分法理论,他将组织、演化、创新和互动联系四个因素作为分析经济地理的基础[②]。至此,从古典区位理论开始经全球生产网络、区域创新系统再到关系经济地理[③](司月芳等,2016),经济地理学的思潮和研究范式开始从关注单一区位向多区位网络化进行转变。

## 二、创新合作的集群化和网络化

产业集群是本地企业集聚的特殊形式。地理邻近对创新产生、传播和扩散具有十分重要的影响[④](Boschma, 2009)。创新主体凭借集聚和区位优势参与蜂鸣且不需要特定的投资[⑤](Bathelt et al., 2004)。企业处于传闻、想法及解释交织的密集网络中,不需要积极主动地搜寻便可获得信息和知识[⑥](Grabher, 2002)。与此同时,诸如投入产出联系、劳动力市场、知识溢出、成熟的本地需求、专业化制度、商业和社会网络的组织结构等联系,使得集群内主体在关联经济活动中展现出地理集聚性。在区域集群中,由于共同信任、共享通用技术、基础设施、知识和技能池、投入和回应本地客户需求,企业可能运作效率更高,创新更快。因此,地理邻近和集聚为企业及其他创新主体的相互合作打下了良好的基础。

然而,最近的研究表明,劳动内部分工的简单分析使我们无法完全理

---

① Bathelt H, Glückler J. Toward a relational economic geography [J]. Journal of Economic Geography, 2003, 3 (2): 117 – 144.

② Storper, M. Worlds of production [M]. Harvard University Press, 1997.

③ 司月芳,曾刚,曹贤忠,等. 基于全球—地方视角的创新网络研究进展 [J]. 地理科学进展,2016, 35 (5): 600 – 609.

④ Boschma R, Eriksson R, Lindgren U. How does labour mobility affect the performance of plants? The importance of relatedness and geographical proximity [J]. Journal of Economic Geography, 2009, 9 (2): 169 – 190.

⑤ Bathelt H, Malmberg A, Maskell P. Cluster and knowledge: local buzz, global pipelines and the process of knowledge creation [J]. Progress in Human Geography, 2004, 28: 31 – 56.

⑥ Grabher G. Cool projects, boring institutions: temporary collaboration in social context [J]. Regional Studies, 2010, 36 (3): 205 – 214.

解知识创造和创新过程[1]（Bathelt and Boggs，2003）。主体和集群外的市场在"将技术创新信息和发展动力导入集群中"方面也极为重要，因此需要受到关注。正如 Oinas（1999）所说的："新知识的创造最好被看作是邻近和远处联系整合的结果"[2]。只有集群企业与外部市场建立联系并具有本地和非本地的贸易混合，集群才能创造新知识并持续发展[3]（Scott，1998）。换句话说，如果本地联系和学习效应持续地被反馈和外部冲击，那么它们会变得更加强力和持久。其观点是，本地联系和全球的跨区域联系创造了知识创造的动态过程，它对理解集群发展过程是极为重要的。因此，集群主体间日常交流中的邻近性作用受远距离知识输入的巨大支持，而这一支持与创新网络是密不可分的。网络作为知识传播的渠道，是主体间进行创新合作的表现形式。在知识经济时代，企业为了弥补自身知识不足倾向于与外部知识源进行结网，寻求创新绩效的提高[4]（Malerba and Nicholas，2009）。因此，集群外部网络为知识和技术输入提供了很好的支撑。

## 三、知识经济的时代呼唤

随着全球化和科学技术的不断发展，知识的生产、分配和使用在区域经济增长中扮演越来越重要的角色[5][6][7]（Harris，2001；Zucker et al.，2007；Dicken，2014）。知识和创新正逐步取代传统物质资本的主导地位，

---

[1] Bathelt H，Boggs J S. Toward a Reconceptualization of Regional Development Paths：Is Leipzig's Media Cluster a Continuation of or a Rupture with the Past？[J]. Economic Geography，2003，79（3）：265–293.

[2] Oinas P. Activity-specificity in organizational learning：implications for analysing the role of proximity [J]. GeoJournal，1999，49（4）：363–372.

[3] Scott A J. Metropolitics：aregional agenda for community and stability [J]. American Journal of Sociology，1998，103（4）：1141–1143.

[4] Malerba F，Vonortas N S. Innovation Networks in Industries [J]. Books，2009，9（1）：197–208.

[5] Harris R G. The knowledge-based economy：intellectual origins and new economic perspectives. International Journal of Management Reviews，2001，3（1）：21–40.

[6] Zucker L G，Darby M R，Furner J，et al. Minerva unbound：Knowledge stocks, knowledge flows and new knowledge production ☆. Research Policy，2007，36（6）：850–863.

[7] Dicken P. Geographers and 'globalization'：(yet) another missed boat？Transactions of the Institute of British Geographers [J]. 2014，29（1）：5–26.

成为推动区域经济增长和生产率提高的关键因素[①][②]（Romer，1990；Powell，1998）。世界各国各地区都积极出台区域政策和商业策略以迎合知识经济时代的需求。以中国为例，2015年经济增速仅为6.9%，是近25年来的最低值。为应对巨大的经济下行压力，中央和地方政府出台了一系列产业发展和科技创新政策，以期能有效促进经济的发展。2015年3月13日，国务院发布的《中共中央国务院关于深化体制机制改革加快实施创新驱动发展战略的若干意见》指出，创新是推动一个国家和民族向前发展的重要力量，也是推动整个人类社会向前发展的重要力量。2015年11月国务院发布的《中共中央关于制定国民经济和社会发展第十三个五年规划的建议》指出，必须把发展基点放在创新上，形成促进创新的体制架构，塑造更多依靠创新驱动、更多发挥先发优势的引领型发展。可见，在全球变革日益加深和中国经济发展进入新转型期的今天，依靠创新带动经济增长和产业发展已成为时代发展的主旋律。

## 四、装备制造业引领经济增长和创新发展

装备制造业为国防建设和国民经济提供重大技术装备，是现代产业体系的脊梁，是推动我国从"制造大国"转向"智造大国"的重要产业引擎。2013年，我国装备工业产值突破20万亿元，占全球的比重超过1/3，规模居全球首位。2002~2015年，中国GDP和工业总产值的年均增长率接近11%，而装备制造业年均增长率在25%以上，比GDP和工业总产值的增速高出14个百分点；装备制造业占全国工业各项经济指标的比重高达20%以上，装备制造业产品出口额占全国外贸出口总额的比重也高达25.5%，对经济增长的贡献率在所有制造业中也是最高的，其重要性可见一斑。

在创新方面，作为里昂惕夫产业关联理论的典型代表，装备制造业因

---

① Romer P M. Human capital and growth: Theory and evidence [J]. Paul Romer, 1990, 32 (1): 251-286.

② Powell W W. Learning from collaboration: knowledge and networks in the biotechnology and pharmaceutical industries. California Management Review, 1998, 40 (3): 228-240.

其产业链条长、参与主体多、与其他产业在技术和经济上存在广泛、深入的联系而成为创新合作的多发领域。装备制造业是知识和技术密集型行业，创新合作（尤其是产学研合作）引发的知识溢出和技术扩散现象也非常普遍①（马双，2016）。当前，我国经济增长正处于转型发展的关键时期，能源产业效率的提高急需得到石油装备制造业的支持。作为为国家能源开采提供技术设备的战略性产业，石油装备制造业技术能力的提升不仅对自身的产业升级大有裨益，还能通过产业链进行有效的知识溢出和技术扩散，进而促进上下游其他产业的发展。因此，装备制造业创新能力的提升是引领我国经济增长和创新发展的关键所在。

---

① 马双，曾刚. 我国装备制造业的创新、知识溢出和产学研合作——基于一个扩展的知识生产函数方法 [J]. 人文地理，2016（1）：116-123.

# 第二章

# 相关研究进展和述评

创新网络的研究历来受到国内外学者的重视,文献发表数量和被引频次不断上升[1](阮平南等,2015),相关研究的学术价值得到包括经济学、管理学和地理学界在内的学者认可。本章从创新经济地理学和关系经济地理学的视角出发,从创新网络的行为主体与结构、创新网络的类型与联系途径以及创新网络的演变三个角度入手,总结前人研究成果并提出现有研究存在的不足。

## 第一节
### 创新网络的行为主体与结构

#### 一、创新网络的行为主体

创新网络内的行为主体构成了网络中的节点,节点间有意无意的创新联系和制度安排形成了网络,网络的基本连接机制是企业与其他主体间的创新合作关系,其中企业在创新网络中占据主导地位[2](Freeman,1991)。

---

[1] 阮平南,张光莹,刘晓燕. 基于 CiteSpace 的技术创新网络研究现状分析 [J]. 科技管理研究,2015,35 (21):53 – 57.
[2] Freeman C. Networks of innovators: of research issues [J]. Research Policy,1991,20:499 – 514.

企业合作涉及许多主体,有关注于知识生产和扩散的中介组织、大学、科研机构、行业协会等,有关注于知识应用和开发的供应商、客户、同行合作者和竞争者等,还有关注创新政策环境改善的政府、孵化器、劳动组织等①(Cooke,2002)。根据合作主体的不同,可以将创新合作分为垂直合作、水平合作和产学研合作。垂直合作是基于产业链的合作,涉及客户、供应商、同行合作企业等,水平合作是企业与同行竞争者的合作,产学研合作是企业与大学、科研机构和公共研究组织间的合作②③④(Maskell,2001;王缉慈,2001;Asheim,2011)。经济全球化时代,企业依靠自身资源和能力进行创新的方式变得难以为继,企业寻求外部合作成为技术变革的重要手段,不同类型主体的重要性程度也成为学术界争论的焦点。

一些学者认为"产业链联系是技术进步的源泉",他们认为企业基于产业链上下游环节的垂直联系是企业间合作最常见的合作方式,这种合作方式可以有效地提升行为主体的产业效率、技术能力和创新绩效。Soosay(2008)利用与23位企业管理层人员的面对面访谈和调研资料进行质性分析,研究结果表明,企业基于产业链联系的合作方式是十分复杂和多样的,企业保持可持续竞争优势和创新能力的重要保证就是企业与供应商、客户的上下游合作⑤。Ahuja(2000)对美国化学产业的研究表明,企业和其他创新主体间的直接垂直联系是企业创新的直接源泉,产业链同一环节上的水平联系只发挥了次要的影响⑥。Tether(2002)的研究进一步证实了这一观点,他同时强调了密切的产业链合作对知识流动和技术扩散的重要

---

① Cooke P. Regional Innovation Systems: General Findings and Some New Evidence from Biotechnology Clusters [J]. The Journal of Technology Transfer, 2002, 27 (1): 133 – 145.

② Maskell P. Towards a Knowledge-based Theory of the Geographical Cluster [J]. Industrial and Corporate Change, 2001, 10 (4): 921 – 943.

③ 王缉慈. 创新的空间 [M]. 北京大学出版社, 2001.

④ Asheim B T. Learning, Innovation and Participation: Nordic Experiences in a Global Context with a Focus on Innovation Systems and Work Organization [M]. Palgrave Macmillan UK, 2011.

⑤ Soosay C A, Hyland P W, Ferrer M. Supply chain collaboration: capabilities for continuous innovation [J]. Supply Chain Management, 2008, 13 (2): 160 – 169.

⑥ Ahuja G. Collaboration networks, structural holes, and innovation: A longitudinal study [J]. Administrative science quarterly, 2000, 45 (3): 425 – 455.

性，特别是对产业链上下游的供应商和客户而言，这一影响尤甚[①]。Hippel（1988）对美国科学仪器、电子仪表仪器和半导体制造等诸多行业进行了研究，结果表明下游客户是企业创新能力和绩效提升的关键，特别是在产品创新方面发挥了重要作用[②]。企业与上下游的供应商、客户存在显著的异质性和排他性，不同知识库间的知识和技术特性有利于主体间的技术传递和知识扩散，有效地避免"同行是冤家"的各环节上的主体也能轻易达成共同信任和理解，实现互利互惠[③]（马双，2016）。因此，垂直联系对企业创新绩效的提升十分重要。

产业链上同一环节的企业存在显著的同质性，知识和技术的同构性较强，这些主体的水平联系通常会陷入路径依赖和锁定的风险，创新合作无法冲破固有知识库实现创造性的发展。同时，进行水平合作的企业在涉及经济利益分配、知识产权占有权、成本共担和风险防范等方面会因信任不足而存在严重分歧甚至分裂。因此，企业通过水平合作达成的创新效果经常无法令人满意。Nieto（2006）在西班牙制造业二手数据的基础上进行了精密的定量分析和研究，他发现垂直合作和水平合作两种模式在企业技术进步和创新绩效提升方面发挥不同的作用，其中企业的水平合作在产品生产、专利产出、技术成果转化等方面显著低于企业的垂直合作[④]。Un（2010）选取1998~2002年为研究时段，以871家制造业企业为例对企业水平合作和创新绩效间的关系进行了研究，结果表明在短期内两者呈现显著的负相关关系[⑤]。Miotti（2003）在前人研究的基础上改进了产品创新投入—产出模型的计量方法，在对上百家企业进行实证分析的基础上提出了自己的观点：企业间水平合作的比例在所有产品创新合作方式中占比最

---

① Tether B S. Who co-operates for innovation, and why. An empirical analysis [J]. Research Policy, 2002, 31 (6): 947 – 967.
② Hippel V. The sources of innovations [M]. Oxford: Oxford University Press, 1988.
③ 马双，曾刚. 技术合作对企业创新绩效的影响研究——以我国装备制造业为例 [J]. 华东经济管理，2016, 30 (5): 160 – 165.
④ Nieto M J, Santamaria L. The Importance of Diverse Collaborative Networks for the Novelty of Product Innovation [J]. Technovation, 2007, 27 (6): 367 – 377.
⑤ Un C A, Cuervo C A, Asakawa K. R&D Collaborations and Product Innovation [J]. Journal of Product Innovation Management, 2010, 27 (5): 673 – 689.

小，而且对产品创新的产出具有微弱的抑制效应①。从上述研究可以看出，大多数学者认为企业基于产业链与供应商、客户的垂直合作对知识生产和技术变革存在积极的正向影响，而与同行企业的水平合作对推动企业产品和技术的持久创新作用极为有限，有时甚至还会抑制创新的发生。当然，还有一小部分学者提出了不同的观点。Belderbos（2004）运用大样本数据分析方法，以荷兰创新企业为例对企业水平合作和创新绩效间的关系进行了研究，结果与大多数学者的研究不同：提升企业创新绩效（以新产品销售收入占销售总额之比为主要测度指标）应注重企业与其他同行竞争者的水平合作，而垂直联系则显得不那么重要②。

而基于产学研合作的创新网络由于资源依赖、技术知识的供给和需求、交易成本等诸多因素，其对企业创新发挥着积极影响。建立产学研合作能够充分发挥大学和科研机构的智力资源优势，将大学和科研机构生产的知识和技术从"象牙塔"中转移出来，通过产学研合作的方式发挥它们的主导作用③（Toby，2007）。许多企业自身研发实力不足，技术能级和创新水平需要通过大学和科研机构的帮助实现产品和过程创新。此外，大学和科研机构中的知识和技术人才还可以通过企业衍生和劳动力流动等方式实现创新的积极外部性，除了正式的研发合作网络以外，企业还能够通过这些私人关系网络建立其长久稳固的产学研合作网络。许多学者对企业基于产学研合作形成的创新网络进行了实证研究。Georgea（2002）以包含147家生物技术企业的接近2500家产业联盟为例，对产学研合作与企业创新绩效之间的关系进行了研究，结果表明两者存在显著的正相关关系④。Lööf（2002）基于时间序列的分析视角，对瑞典制造业企业进行了研究。他发现随着产学研合作比例和联系强度的增强，原先创新水平和技术能力低下的企业，其产品创

---

① Miotti L, Sachwald F. Co-operative R&D: why and with whom? An integrated framework of analysis [J]. Research Policy, 2003, 32 (8): 1481–1499.

② Belderbos R, Carree M, Lokshin B. Cooperative R&D and firm performance [J]. Research Policy, 2004, 33 (10): 1477–1492.

③ Toby E. Vertical alliance networks: The case of university-biotechnology-pharmaceutical alliance chains [J]. Research Policy, 2007, 36 (4): 477–498.

④ Georgea G, Zahra S A, Wood D R. The effects of business-university alliances on innovative output and financial performance: A study of publicly traded biotechnology companies [J]. Journal of Business Venturing, 2002, 17 (6): 577–609.

新和过程创新有了长足的进步①。此外，还有一些学者提出了相反的观点，他们认为大学和科研机构在产学研合作中的作用因情况而定，一些企业并没有得到大学和科研机构直接的技术帮助和智力支持，而只在研发项目的选择和研究方向的确定方面扮演重要角色，企业的产学研合作对企业技术水平的提升和创新产出效率的作用微乎其微②（Eom and Lee，2010）。

尽管对于创新网络中企业合作伙伴的相对重要性还有争论，但一些学者开始尝试攫弃"孰轻孰重"的争论④（吕国庆，2016），从创新网络结构、创新主体能级、主体权力等方面总结出技术"守门员"、"结构洞"、技术权力等概念（见图2-1）。这些主体往往创新能级较高，拥有丰富的资源和雄厚的资本，与区域外的领先企业和组织也建立了许多创新联系，它们一般是大型企业或跨国公司，在区域创新体系或产业集群中扮演着十分重

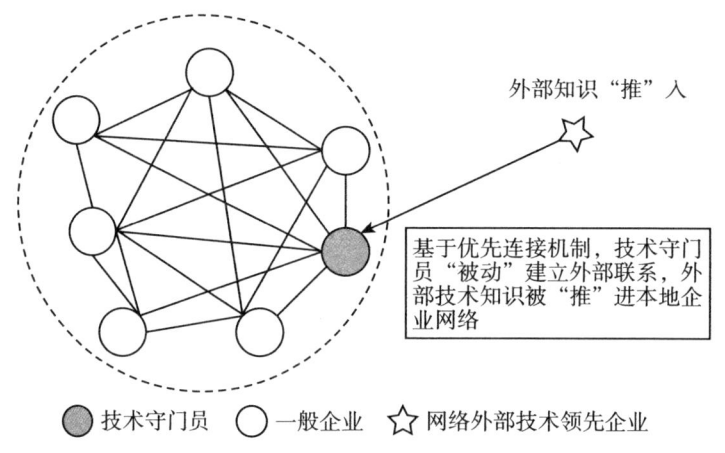

图 2-1　网络中的技术"守门员"

资料来源：杨中华等（2009）。④

---

① Lööf H, Heshmati A. Knowledge capital and performance heterogeneity: A firm-level innovation study [J]. International Journal of Production Economics, 2002, 76 (1): 61 – 85.

② Eom B Y, Lee K. Determinants of industry-academy linkages and their impact on firm performance: The case of Korea as a latecomer in knowledge industrialization [J]. Research Policy, 2010, 39 (5): 625 – 639.

③ 吕国庆. 中国装备工业创新网络研究 [D]. 上海：华东师范大学，2016.

④ 杨中华，庄芳丽，卫武. 国内外知识链研究进展 [J]. 科技管理研究，2009（6）：537 – 540.

要的角色，其他中小企业和上下游企业则依附这些关键主体和领先企业的创新网络，实现"跟随创新"①②（Fawcett，2012；Borrus，2000）。

## 二、网络拓扑结构和联系强度

创新网络的拓扑结构揭示了主体的网络位置，主体的网络位置则决定了主体的创新能级、能够接触到的社会资本和网络资源、技术权力等一系列网络能力。西方学者对创新网络拓扑结构有着很长且富有成效的研究历史，其理论基础主要有格兰诺维特的弱联系和嵌入型理论③（Granovetter，1985）、科尔曼和林南的社会资本理论④⑤（Coleman，1990；Lin，1981）、伯特的"结构洞"理论⑥（Burt，1992）等。

格兰诺维特的弱联系理论是对"紧密且频繁的强网络联系有利于实现技术创新"观点的一种颠覆，并且是对以布迪厄⑦（Bourdieu，1980）为代表的"地位结构观"——只关注"个人行动的外部性"却忽视"个人行动的主体性"——学术流派的一种有益补充。他认为社会网络中的主体间联系存在强联系和弱联系两种方式，两者在信息扩散和知识交流方面扮演着不同角色。强关系是相似主体间的联系，因此关于知识和技术的信息通常是冗余的，而弱关系能够桥接不同主体和信息源，增加单个主体的知识和信息存量。他认为，供应商、生产商和用户之间密切的、规则的、强化的相互作用和知识交流并非是激励学习过程、推动产品和技术渐进式创新和持续变化的唯一基础（Granovetter，1973，1985）。社会网络的分析主

---

① Fawcett P J. The Creative Destruction of Medicine [J]. Perspectives on Science & Christian Faith, 2012, 64 (3): 294 – 296.

② Borrus M, Ernst D, Haggard S. International Production Networks in Asia: Rivalry or Riches? [M]. London: Routledge, 2000.

③ Granovetter M. Economic action and social structure: the problem of embeddedness [M]. Blackwell Publishers, 1985: 481 – 510.

④ Coleman J. Foundations of social theory [M]. Belknap Press of Harvard University Press, 1990.

⑤ Lin N, Ensel W M, Vaughn J C. Social resources and strength of ties: structural factors in occupational status attainment [J]. American Sociological Review, 1981, 46 (4): 393 – 405.

⑥ Burt R S. Structural holes [M]. Cambridge MA: Harvard University Press, 1992.

⑦ Bourdieu P. Le capital social: notes provisoires [J]. Actes Rech, 1980, 31: 2 – 3.

要有"结构"和"关系"两个层次,前者主要分析网络的结构和形态(如"结构洞"网络和封闭型网络),后者分析主体间的强弱联系和实质内容[1][2](郭毅等,2003;张其仔,1999)。行为主体就是网络中的点,点与点之间的连线则是不同行为主体间形成的正式和非正式的联系。格兰诺维特的研究发现,弱联系在信息交流和技术扩散的过程中具有"强力量",因为它能去除过度的冗余信息并保持信息传递的准确高效。由于固化、过度根植性或盲目的信心导致经济停滞、锁定和过度依赖旧技术和解决方案,隐藏在紧密社会网络背后的事物有时会有负面影响[3][4](Burt,2002;Uzzi,1996)。吸引不同的社会网络之间的联系的"弱衔接关系",正是提供不同知识而建立起竞争优势的关键[5](Granovetter,1973)。

在格兰诺维特提出弱联系和嵌入型理论框架之后,林南发展并修正了格兰诺维特的假设命题,他提出了"社会资源"概念和三大理论假设[6][7](Lin,1981,1986)。其中,信任关系是共同创新的关键,它是一个超越法律体系和区域管制效力的复杂过程。它是涉及日常惯例和行为规范合法化的广泛机制,这些机制由网络内的行为主体决定。共同信任使得企业"寻租"行为得以控制,同时还可以降低创新成本、规避创新风险、提高创新绩效。一方面,企业和其他创新主体间的认知距离缩进能够增加信任和透明度[8](Kogut,1992);另一方面,这也能增加企业和其他利益集团间的

---

① 郭毅,朱扬帆,朱熹. 人际关系互动与社会结构网络化——社会资本理论的建构基础[J]. 社会科学,2003(8):64-74.

② 张其仔. 社会网与基层经济生活——晋江市西滨镇跃进村案例研究[J]. 社会学研究,1999(3):27-36.

③ Burt R S. Bridge decay [J]. Social networks, 2002, 24 (4): 333-363.

④ Uzzi B. The Sources and consequences of embeddedness for economic performance of organizations: the network effect [J]. American Sociological Review, 1996, 61 (4): 674-698.

⑤ Granovetter M. The strength of weak ties [J]. American Journal of Sociology, 1973 (78): 1360-1380.

⑥ Lin N, Ensel W M, Vaughn J C. Social resources and strength of ties: structural factors in occupational status attainment [J]. American Sociological Review, 1981, 46 (4): 393-405.

⑦ Lin N, Dumin M. Access to occupations through social ties [J]. Social Networks, 1986, 8 (4): 365-385.

⑧ Kogut B, Zander U. Knowledge of the firm, combinative capacities and the replication of technology [J]. Organization Science, 1992, 3 (3): 383-397.

联系① (Tanzi, 1995)。当然,创新行为和企业技术变革有时很难避免"寻租"风险,因为企业创新经常需要得到其他行为主体的支持,因此它可能会像产业政策那样成为不法商人和腐败官僚"寻租"转移的机制。避免这类风险需要实施监控和权衡措施,同时将共同信任和日常惯例嵌入网络和区域环境之中。此外,创新网络的发展需要一个透明的环境,这可以为新投资者实现区域创新系统的改进提供正确激励,同时避免制度锁定。区域创新系统必须权衡各主体和组分间的交互作用。林南的理论否定了只有通过资源占有才能实现资源利用的观点,这对网络研究是重大的突破。

科尔曼则对社会网络中的封闭性及其对社会资本的作用展开了分析和研究,他强调了封闭型社会网络所带来的诸多好处。首先,长久封闭的网络会为区域内主体提供共享的知识基础,这反过来使网络内的行为主体能持续地连接和重组相似和不同的资源来生产新的知识和创新,行为主体通过已有的关系网络就可以不费吹灰之力地获取信息,这刺激了网络内行为主体的效率提升,而这种网络带来的好处就是社会资本的体现。其次,封闭性的网络将把平时各自孤立的行为主体联系在一起形成闭合,各行为主体间可以互通有无并建立信任,任一行为主体的破坏行为都会被其他人所知,因而闭合环内的主体不会轻易做出不利创新合作和整体网络发展的行为。我们若将创新网络置于地理空间之中进行观察和研究就会发现,这种闭合的网络主体会因地方情境性和共同文化等的关系而呈现明显的本地化特点,封闭网络中的行为主体可以自发和不固定地发生信息和知识交流,这有益于创新过程,因为它为大量自发的和意料之外的情景产生了机会,行为主体的交互和组建形成了社区团体。封闭性网络以多种方式链接行动者(作为商业伙伴、朋友、代理人和顾问),提供了一种关系中的资源能被另一种应用的方法。在这种情况中,这些因子增加了一个行动者接受资源、适应意外事件、信任合作伙伴和评估风险的能力。

在前人研究的基础上,美国社会学家罗纳德·博特于1992年在其撰写的《"结构洞":竞争的社会结构》一书中提出"结构洞"理论。他认为,所谓"社会资本"是一种对竞争优势的隐喻,而这种竞争优势来自个人的

---

① Tanzi V. Government role and the efficiency of policy instruments [J]. Research Papers in Economics, 1995: 95–100.

社会关系网络[①]。但他同时认为,行动者的社会资本由其在网络中所处的位置决定,并非像格兰诺维特说的由关系的强度决定。他强调,处在两个或多个缺乏联系的群体间的行动者,能够控制交易过程、获取或利用信息,因此拥有很强的竞争优势。这类特殊的网络结构位置被伯特看作为"结构洞"位置,处在这个位置上的行动者具有信息优势和控制优势,从而形成了特定的社会资本。

所谓"结构洞",即网络中某个或某些个体和有些个体发生直接联系,但与其他个体不发生直接联系。无直接或关系间断的现象,从网络整体看好像网络结构中出现了洞穴(见图2-2a)。博特认为,在较复杂的关系网络中,通过与分散的、非重复的一组组节点联系占据中心位置的节点者拥有更多的网络资源,控制着与其他节点之间的资源流动,使其处于更有权力的位置。由于这些资源是非重复性的,它更有利于行动者目标的实现,这样占据或接近更多的"结构洞"有利于工具性行为的成功。而图2-2(b)实际是一个封闭的网络,网络中每个个体所获得的信息基本上是对等的、重复的,故不存在"结构洞"。事实上,现实中网络中的各个节点不可能两两都发生联系,也就是说"结构洞"是网络中普遍存在的现象。在这样的网络中,占据中心位置的个体可以获得更多更新的非重复信息,并具有保持信息和控制信息两大优势。

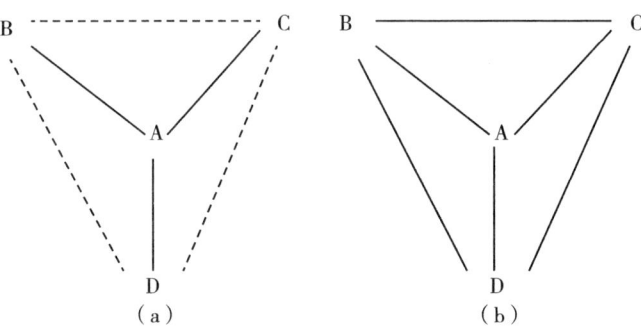

图2-2 "结构洞"网络与封闭性网络

资料来源:盛亚,范栋梁."结构洞"分类理论及其在创新网络中的应用[J].科学学研究,2009,27(9):1407-1411.

---

① Burt R S. Structural holes [M]. Cambridge MA:Harvard University Press,1992.

许多学者应用"结构洞"理论对创新网络进行了大量的实证研究。HANS（2009）对 IT 部门企业的研究表明，合作伙伴属性、技术资源和网络定位影响企业的创新绩效。企业网络结构的协同效应及"结构洞"效应是企业提高创新绩效的关键。然而，如果企业要跨越网络"结构洞"而增加与其他合作伙伴之间的联系，那么这种关系会逐渐削弱并最终成为负面影响[1]。Gözübüyük 和 Kock（2011）充分考虑了合作双方、第三方、中间人两两之间的结构关系，明确了影响"结构洞"填充和消失的因素[2]。Bathelt 和 Zeng（2012）对上海化工产业生产者—客户关系网络的研究表明，企业间网络并不广泛，生产者—消费者之间的相互作用非常有限。重要的化工企业一般将业务专注于与它们已建立关系的国际客户上，使用国有分销渠道或依赖作为知识经纪人的中介机构。弱联系的生产商—用户网络也存在着强劲的经济增长和技术创新[3]。Lingo 和 Mahony（2010）的研究表明，占据"结构洞"位置的中间人角色不仅能够桥接各方关系进行知识传递和技术扩散，随着时间的推移也会填补"结构洞"导致其消失[4]。赵炎和郭霞婉（2012）研究了中国家用视听设备制造业企业联盟网络，结果表明处于联盟网络"结构洞"位置的企业，其创新绩效能够得到显著提升[5]。李守伟和朱瑶（2016）从节点度、中介中心度和"结构洞"3 个维度出发，对 168 家新能源汽车企业创新网络结构与企业绩效间关系进行研究，结果显示"结构洞"对企业经济和生态创新绩效有正向促进作用[6]。施宏伟和郭君（2013）的研究强调

---

[1] Hans L. Multinational firms and innovation [C]. In 47th Annual Meeting of the Western Regional Science Association, 2008.

[2] Gözübüyük R, Kock C J. Triad dynamics: structural holes, cliques and the tragedy of brokers [J]. Ssrn Electronic Journal, 2011: 1 – 8.

[3] Bathelt H, Zeng G. Strong growth in weakly-developed networks: Producer-user interaction and knowledge brokers in the Greater Shanghai chemical industry [J]. Applied Geography, 2012, 32 (1): 158 – 170.

[4] Lingo E L, O'Mahony S. Nexus work: brokerage on creative projects [J]. Administrative Science Quarterly, 2009, 55 (1): 47 – 81.

[5] 赵炎，郭霞婉. "结构洞"度对联盟网络中企业创新绩效的影响研究——基于中国家用视听设备制造业企业联盟网络 [J]. 科技进步与对策，2012, 29 (17): 76 – 81.

[6] 李守伟，朱瑶. 合作创新网络结构特征对企业创新绩效的影响研究——以新能源汽车产业为例 [J]. 工业技术经济，2016, 35 (11): 137 – 144.

了节点关联度、"结构洞"约束和节点吸收能力之间的关系,定量计算了企业融知和创新绩效的关系,提出了路径优化的选择方案和相关对策[①]。此外,还有许多关于"结构洞"研究的文献(见表2-1)。

表2-1 "结构洞"研究的代表性文献

| 作者 | 发表时间 | 研究问题或研究结论 |
| --- | --- | --- |
| Hargadon | 1997 | 占据多个"结构洞"利于设计者对不同技术进行整合产生创新性的新产品 |
| Regans 等 | 2003 | 跨越组织单元的"结构洞"利于个体之间的知识传播 |
| Rodan 等 | 2004 | "结构洞"对管理绩效和创新绩效的作用受知识异质性的调节 |
| Balkundi 等 | 2005 | "结构洞"可以促进团队创新绩效的提高 |
| Shipilov 等 | 2008 | "结构洞"有益于企业地位的提升,不利于企业绩效的提高 |
| Chai 等 | 2009 | "结构洞"作用的发挥在东西方文化之间存在差异 |
| Paruchuri | 2010 | 企业"结构洞"研发者对组织创新活动的影响力 |
| Yu 等 | 2011 | 企业跨越"结构洞"的多少决定技术性创业联盟成功的可能性 |

资料来源:根据孙笑明,崔文田,王乐."结构洞"与企业创新绩效的关系研究综述[J].科学学与科学技术管理,2014(11):142-152.改写。

对于网络结构的研究,学者们一般使用的分析方法是社会网络分析法(social network analysis,SNA),这一方法主要从局部和整体两个方面进行刻画。局部网络常见的测度指标有度数中心性、中介中心性、接近度、中心势、网络密度、平均路径长度等,整体网络常见的测度指标有小世界效应、无标度特性、子群簇派系等,这一系列指标能够对网络拓扑结构进行深度的定量刻画,同时实现可视化的表达(见表2-2)。

---

① 施宏伟,郭君.基于"结构洞"约束的跨企业融知与融知路径选择模型[J].软科学,2013,27(1):99-103.

表 2-2　　　　　　　　　网络拓扑结构的常用表征

| | 指标 | 指标解释 | 表征意义 |
|---|---|---|---|
| 局部 | 度数中心性 | 分为绝对度数中心度和相对中心度，前者表示与i直接相连的其他点的个数，记作$C_{AD}(i)$；后者指的是点的绝对中心度和网络中点的最大度数之比，记作 $$C_{RD}(i) = \frac{C_{AD}(i)}{n-1}$$ | 度数中心性越高的节点，其对于网络的影响力越大，具有的技术权力能级也更高 |
| | 中介中心性 | $$C_B(n_i) = \sum_j^l \sum_k^l \frac{g_{jk}(n_i)}{g_{jk}}$$ $g_{jk}$表示行为主体j和k之间存在最短路径的数目，$g_{jk}(n_j)$是节点j到k之间存在的经过节点i的最短路径数目 | 中间中心性高的节点，可以成为技术守门员。与此节点建立联系是其他节点提高网络地位的重要途径 |
| | 接近度 | $$C_{APi}^{-1} = \sum_{j=1}^n d_{ij}$$ 该点与网络中所有其他点的捷径距离之和。其中，$d_{ij}$表示i和j之间的捷径距离（即捷径中包含的线数） | 接近中心性高的节点，其在网络中信息资源、权力、威望和影响也越高 |
| | 中心势 | $$C = \frac{\sum_{i=1}^n (C_{max} - C_i)}{\max\left[\sum_{i=1}^n (C_{max} - C_i)\right]}$$ 其中，$C_{max}$是网络中最大点的中心度数值，$C_i$是任何其他点的中心度数值 | 描述整个网络的中心情况，C值越大表明网络的中心势越高；当C=0时，每个节点之间处于对等态势 |
| 整体 | 密度 | $$M = \frac{\sum_{i=1}^n D_i}{n \times (n-1)}$$ 其中，n表示网络的节点数，$D_i$表示第i个节点的度数，M表示网络密度 | 取值0~1之间，M值越接近1，表明网络越稠密，反之则越稀疏 |
| | 小世界效应 | 具有大的群聚系数和小的平均最短距离 | 小世界网络具有信息通畅、快捷交流等特征 |
| | 无标度特性 | 节点度服从幂律分布的网络 | 各节点之间异质性和不均匀分布的程度 |

续表

| 指标 | | 指标解释 | 表征意义 |
| --- | --- | --- | --- |
| 整体 | 派系 | 建立在网络可达性和直径基础上 n - 派系、n - 宗派；建立点度数基础上 k - 丛；建立在"子群内外关系"上核心 - 边缘结构分析 | 分析网络中存在的子结构 |

资料来源：根据吕国庆. 中国装备工业创新网络研究 [D]. 上海：华东师范大学，2016 修改得到。

## 三、网络结构的优劣争论："结构洞" VS 封闭性

行为主体间因长期技术和知识联系形成的网络会产生有益的"资本"。经济学家把体现在技术工人技能中的资本称为"人力资本"（Becker, 1964）[1]。社会学家用"社会资本"一词表征与创新者社交网络有关的资本（Bourdieu, 1980；Coleman, 1988）[2][3]。经济地理学者认为"社会资本"缺乏对经济效果、发展前景、产业效率评估等（Bathelt et al., 2004；Huber, 2012）[4][5]，提出了"网络资本"的概念（Huggins, 2010）[6]。该概念弥补了社会资本在解释网络投资方面的不可计算性，强调运用经济理论模型定量刻画社会资本存量和增量的方法论。目前，越来越多的学者们强调网络对提高主体创新能力的积极作用。

对于何种结构的网络能促进网络资本和创新的形成，目前学界大致存

---

[1] Becker G. Human capital [M]. New York: National bureau of economic research, 1964.
[2] Bourdieu P. Le capital social: notes provisoires [J]. Actes Rech, 1980 (31): 2 - 3.
[3] Coleman J. Social capital in the creation of human capital [J]. American Journal of Sociology, 1988 (94): 95 - 120.
[4] Bathelt H, Malmberg A, Maskell P. Clusters and knowledge: local buzz, global pipelines and the process of knowledge creation [J]. Progress in Human Geography, 2004 (28): 31 - 56.
[5] Huber, F. Do clusters really matter for innovation practices in Information Technology? Questioning the significance of technological knowledge spillovers [J]. Journal of Economic Geography, 2012 (12): 107 - 126.
[6] Huggins R. Forms of network resource: knowledge access and the role of inter-firm networks [J]. International Journal of Management Reviews, 2010 (12): 335 - 352.

在两个对立观点。封闭型网络理论（Coleman，1988）[①]强调了紧密联系对于培育促进合作的规范环境所起的重要作用。"结构洞"理论（Burt，1992）[②]认为紧密联系作为一种刚性资源，会阻碍组织间的协调合作。两种理论对于网络结构如何影响行为主体适应重大变化的能力持相反观点。传统的社会资本理论认为，封闭型网络能够培育促进主体间信任与合作的规范性环境（Coleman，1988）；"结构洞"理论认为，社会资本的优势来自分散的联系，即非封闭型网络（Burt，1992）。

传统的社会资本强调紧密的社交网络或"封闭型网络"能够为社会规范、行为主体间信任与合作的形成带来积极影响。Coleman（1990）[③]认为，封闭型网络中的成员能够互相信任，从而降低了彼此间技术和知识交流的不确定性，提高了他们在创新过程中的合作能力。因此，行为主体所能利用的网络资本即其所有的封闭型社交网络。Granovetter（1985）[④]也认同这一观点，他强调共同第三方在促进信任与降低机会主义风险中的积极作用，以此影响主体间的合作关系和创新绩效（Raub and Weesie，1990）[⑤]。封闭型网络所带来的积极影响，主要由于个人目标的实现需要与其他主体合作，但这种合作存在不确定性。为了避免这种不确定性，封闭型网络强调了共同第三方的作用，它是激励合作并遏制机会主义行为的有效方法（Gulati，1995；Burt and Knez，1995）[⑥⑦]。嵌入于第三方关系纽带中的行为主体更容易符合互惠规范，从而降低了负面影响。

然而，也有一些研究表明封闭型网络、创新合作与绩效之间的关系比较复杂。在关于封闭型网络对于经济绩效影响的讨论中，Portes 和 Sensen-

---

[①] Coleman J. Social capital in the creation of human capital [J]. American Journal of Social，1988（94）：95－120.

[②] Burt R S. Structural holes [M]. Cambridge MA：Harvard University Press，1992.

[③] Coleman J. Foundations of social theory [M]. Cambridge MA：Harvard University Press，1990.

[④] Granovetter M. Economic action and social structure：the problem of embeddedness [M]. Blackwell Publishers，1985：481－510.

[⑤] Raub W，Weesie J. Reputation and Efficiency in Social Interactions：an example of network effects [J]. American Journal of Sociology，1990，96（3）：626－654.

[⑥] Gulati R. Social structure and alliance formation pattern：a longitudinal analysis [J]. Administration Science，1995（40）：619－652.

[⑦] Burt R S，Knez M. Kinds of third-party effects on trust [J]. Rationality and Society，1995，7（3）：255－292.

brenner（1993）① 描述了一些民族企业家是如何在最初为其提供优势的封闭型网络中消亡的。封闭型网络在初期能够为企业提供优势，但随之而来的互惠义务使得企业难以摆脱这一网络，并限制了它们后期寻找新机遇的能力。Grabher（1993）② 对受传统文化、专业精工和重工业区统治的巴登符腾堡地区进行了研究，他发现本地组织结构不具弹性并拥有区域锁定（功能锁定、认知锁定和政治锁定）的可能，本地制度机制在封闭的环境和网络中逐渐衰退，封闭型网络阻碍了产业区的发展。

研究表明，可能存在两种机制会导致封闭型网络阻碍行为主体适应协作环境的改变。首先，封闭型网络会加重主体对互惠机制的路径依赖，而这种互惠机制是封闭型网络保障主体间合作的基础。网络结构越封闭，主体断开已有联系所承担的风险越大（Raub and Weesie, 1990）③。而将已有联系断开，正是创造新联系或振兴原有联系的基础。维持不会再为主体带来利益的创新关系，可能会阻碍主体培育新的能够提升创新绩效的关系。其次，封闭型网络显著的互惠机制所产生的限制也可能是由内部力量决定的，使得行为主体仍旧保持已失去的联系而不自知。长期合作所产生的熟悉感，能够增强彼此间的理解和信任，促进合作带来强大的联系（Gulati, 1995）④。然而，这种强联系也可能会发挥信息过滤的作用，使得网络中的主体陷入"认知锁定"并与外界隔绝（Grabher, 1993；Uzzi, 1997）⑤。由于与熟人的合作较为简单，且构建新联系要面临较大的不确定性，同时还需更多的成本投入来加以维护，因此这种路径依赖特性很可能会导致价值的损失。

与强调封闭型网络所带来的社会规范不同，"结构洞"理论认为网络

---

① Portes A, Sensenbrenner J. Embeddedness and immigration: notes on the social determinants of economic action [J]. American Journal of Sociology, 1993 (98): 1320 – 1350.

② Grabher G. The weakness of strong ties. In *The embedded firm*, ed. G. Grabher, 255 – 277. London: Routledge, 1993.

③ Raub W, Weesie J. Reputation and Efficiency in Social Interactions: an example of network effects [J]. American Journal of Sociology, 1990, 96 (3): 626 – 654.

④ Gulati R. Social structure and alliance formation pattern: a longitudinal analysis [J]. Administrative Science Quarterly, 1995 (40): 619 – 652.

⑤ Uzzi B. Social structure and competition in interfirm networks: the paradox of embeddedness [J]. Administrative Science Quarterly, 1997, 42 (1): 35 – 67.

资本的优势来源于信息多样性和独立的群簇网络间缺乏联系所带来的机遇。在这些群簇中占据中心位置的主体能够获得更多信息并在创新合作中拥有竞争优势。相反，一个强烈依赖于封闭型网络的行为主体在与创新合作中往往缺乏自主权和能动性。

虽然"结构洞"理论主要关注竞争优势的来源，但行为主体的自主权仍然是促进组织有效协调的重要资本。Burt（1992）[1]认为拥有丰富"结构洞"的创新网络能够更快地将信息传递给更多的人。它通过对意大利跨国计算机制造商的数据计算发现，拥有紧密联系网络的管理者往往不太能够适应由新任务带来的变化，这反过来危及了他们在新业务中合作促进者的地位。相似地，Tsai 和 Ghoshal（1998）[2]发现，网络中介性（目前测度网络"结构洞"的方法之一）与组织单元间交流整合资源的能力正相关。就创新网络所带来的机会而言，"结构洞"理论认为这类网络中的主体拥有较高的网络资本，因为它们没有被嵌入紧密的网络中去。封闭型网络非但没有帮助，反而会阻碍组织协调。

最近的研究试图将前述对立的观点相联系，Podolny 和 Baron（1997）[3]认为丰富的网络"结构洞"通常会带来好处，同时也承认封闭型网络的积极影响。与"结构洞"理论一致，他们认为具有丰富"结构洞"的网络能够为行为主体的信息和资源传递提供优势。然而，他们同样主张"封闭型网络能够提供良好的社会规范以优化个体行为和创新绩效，而断开的网络结构（'结构洞'）难以为个体提供优化自身行为的良好社会规范"（Podolny and Baron，1997）。他们对高新技术企业的创新网络进行研究，结果表明"结构洞"有助于行为主体（特别是技术"守门员"）成功地从网络中获利，但对整体网络的创新绩效和知识流动性会产生负面影响。他们认为，网络结构的优势可能取决于联系的内容，即主体间交流的本质。具有丰富"结构洞"的网络可能会为行为主体提供关于新机遇的即时信息，但行为主体需要利用封闭型网络对这些机遇加以利用，将新机遇和信

---

[1] Burt R S. Structural holes [M]. Cambridge MA: Harvard University Press, 1992.

[2] Tsai WP, Sumantra G. Social capital and value creation: the role of intrafirm networks [J]. Academy of Management Journal, 1998 (41): 464–476.

[3] Podolny JM, Baron JN. Resources and relationships: social networks and mobility in the workplace [J]. American Journal of Sociology, 1997 (62): 673–693.

息通过封闭性网络扩散至其他主体。主体需要在封闭型网络（紧密的网络结构）所带来的合作安全性与"结构洞"模式所带来的灵活性之间进行权衡。因此，网络的"结构洞"和封闭性都是维持竞争力的重要组分。

## 四、创新网络的空间结构与多尺度耦合

创新网络的空间结构是经济地理学者关注的重要议题和研究视角[1][2][3][4]（Storper and Venables，2004；Asheim et al.，2007；Martin and Sunley，2007；Giuliani，2005）。从区域创新网络[5]（Cooke et al.，1997）、学习型区域[6]（Morgan，1997）到国家创新系统[7]（Lundvall，1992）、全球生产网络[8][9]（Dicken，1998；Yeung，2009），再到最近一些学者提出的"本地蜂鸣—全球管道"[10]（Bathelt et al.，2004）、全球—地方创新网络[11][12]（司月芳等，2016；苗长虹，2006）等一系列理论框架和概念模型（见图2-3），

---

[1] Storper M A, Venables A J. Buzz: the economic force of the city [J]. Journal of Economic Geography, 2004, 4: 351–370.

[2] Asheim B, Coenen L, Moodysson J, et al. Constructing knowledge-based regional advantage: implications for regional innovation policy [J]. International Journal of Entrepreneurship & Innovation Management, 2007, 7 (2): 140–155.

[3] Sunley P J, Martin R L. New path creation and the city-region economy: some conceptual issues and an exploratoty analysis [J]. National Institute of Animal Health Quarterly, 2007, 14 (1): 33–34.

[4] Giuliani E, Bell M. The micro-determinants of meso-level learning and innovation: evidence from a Chilean wine cluster [J]. Research Policy, 2005, 34 (1): 47–68.

[5] Cooke P, Uranga M G, Etxebarria G. Regional innovation systems: Institutional and organisational dimensions [J]. Research Policy, 1997, 26 (4): 475–491.

[6] Kevin M. The learning region: institutions, innovation and regional renewal [J]. Regional Studies, 1997, 31 (5): 491–503.

[7] Lundvall B Å. National systems of innovation: towards a theory of innovation and interactive learning [J]. 1992, 7 (4): 318–330.

[8] Dicken P. Global shift: transforming the world economy [M]. Paul Chapman, 1998.

[9] Yeung H. Regional Development and the competitive dynamics of global production networks: an east Asian perspective [J]. Regional studies, 2009, 43 (3): 325–351.

[10] Bathelt H, Malmberg A, Maskell P. Cluster and knowledge: local buzz, global pipelines and the process of knowledge creation [J]. Progress in Human Geography, 2004, 28: 31–56.

[11] 司月芳, 曾刚, 曹贤忠, 等. 基于全球—地方视角的创新网络研究进展 [J]. 地理科学进展, 2016, 35 (5): 600–609.

[12] 苗长虹. 全球—地方联结与产业集群的技术学习——以河南许昌发制品产业为例 [J]. 地理学报, 2006, 61 (4): 425–434.

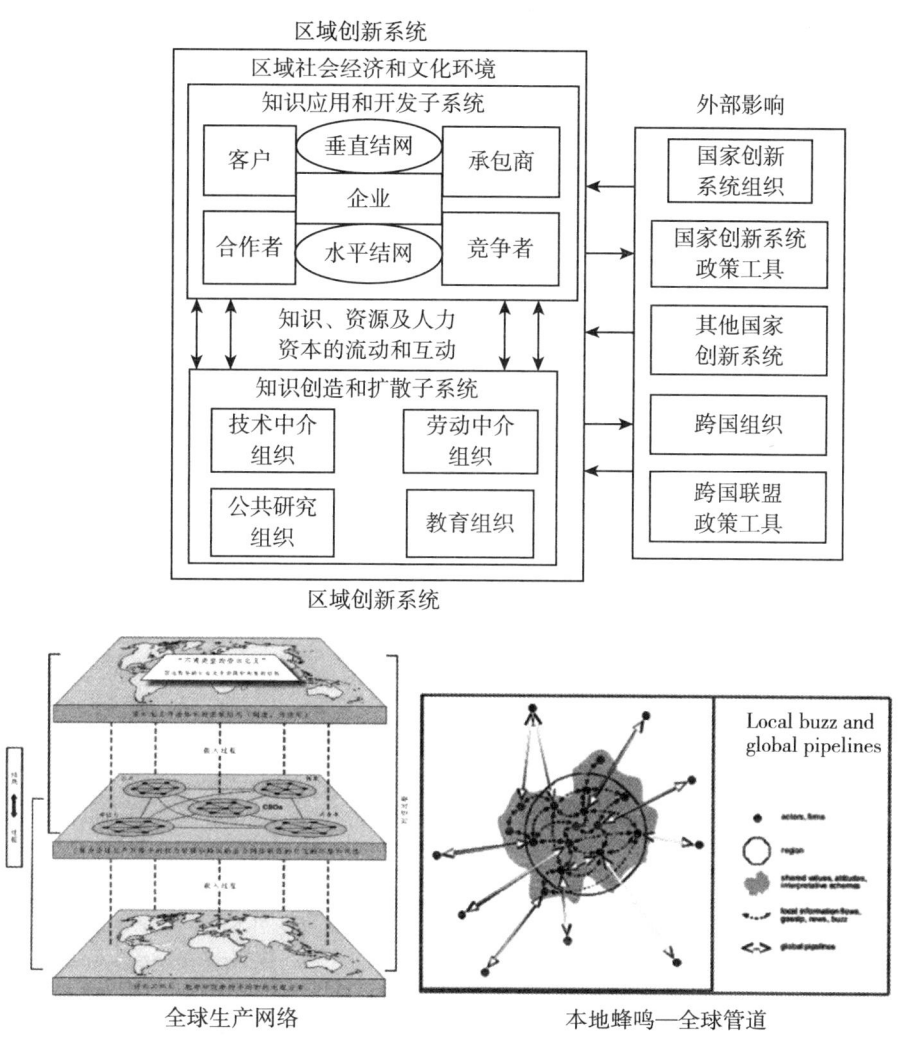

**图 2-3 创新网络空间结构相关理论的分析框架**

资料来源：根据 Cooke et al.（1997）；Dicken，1998；Bathelt 等（2004）等整理得到。

经济地理学者对创新网络的研究从关注区域到关注全球，再到强调全球与地方的融合。可以看出，随着全球化、信息化进程的加快，地理学研究的空间问题不只受限于单一的尺度效应，而是深深受着信息时代带来的"流"的影响。"流动空间"取代了"地方空间"成为表达产业功能集聚、知识生产和技术合作等空间关系的新机制。在"流"的作用下,高速交通推动各区域间联系时间的缩短,促进两者之间的产业分工与技术联系,创新网络在大尺度空间范围内逐步扩张,形成适应于不同功能单元的子网络[①](朱子明,2015)。

以 Ashiem 为代表的一批学者从创新来源、重要性倾向、合作方式、知识编码和创新程度五个维度提出了分析型、综合型、象征型的知识分类方法(见表2-3),他们认为,构建区域竞争力优势需要厘清为什么集聚对创新和经济增长如此重要,通过发现和揭示不同情境和环境中偶然性、特殊性和异质性以得知其对知识创造、创新和商业活动发挥的作用,而产业知识库的差别正是为了更好地弥补以往研究对此过程研究的"黑箱"。同时,他们指出创新网络本地化或全球化程度取决于其知识基础,这一新视角拓展了创新网络空间结构的本地—全球的争论[②③④] (Asheim and Coenen, 2005; Asheim et al., 2007; Moodysson, 2008)。

表2-3　　　　　　　　　三种知识库类型及其内涵

| 维度 | 知识类型 | | |
| --- | --- | --- | --- |
| | 分析型 | 综合型 | 意会型 |
| 创新来源 | 新知识的创造 | 现有知识的应用或集成 | 现有知识的创造性重组 |
| 重要性倾向 | 强调科学知识的重要性,基于演绎过程和正式模型 | 强调应用的重要性,基于归纳过程和问题导向 | 强调对现有规则的挑战和重构 |
| 合作方式 | 企业(研发部门)和研究机构间的研究合作 | 客户和供应商间的交互学习 | 通过与专业团体的互动交流进行学习,从新兴/街头文化或良好文化中学习,与处于边缘的专业团体互动交流 |

---

① 朱子明. 长三角多中心巨型城市区域的空间结构与产业功能演变研究 [D]. 华东师范大学, 2015.

② Asheim B T, Coenen L. Knowledge bases and regional innovation systems: Comparing Nordic clusters [J]. Research Policy, 2005, 34 (8): 1173 – 1190.

③ Asheim B, Coenen L, Moodysson J, et al. Constructing knowledge-based regional advantage: implications for regional innovation policy [J]. International Journal of Entrepreneurship & Innovation Management, 2007, 7 (2): 140 – 155.

④ Moodysson J. Principles and practices of knowledge creation: on the organization of "buzz" and "pipelines" in life science communities [J]. Economic Geography, 2008, 84 (4): 449 – 469.

续表

| 维度 | 知识类型 | | |
|---|---|---|---|
| | 分析型 | 综合型 | 意会型 |
| 知识编码 | 编码化知识占主导 | 隐性知识占主导 | 依赖于隐性知识、工艺实践能力和探索能力 |
| 创新程度 | 倾向于激进式创新 | 大多数是渐进式创新 | 偶尔有激进式的创新产品，大多数是现有产品的略微重组 |

资料来源：Asheim 等（2005）。

在分析型知识的创新活动中，科学知识是非常重要的，其知识创造往往是基于理性认知和正式模型（如生物技术和信息技术）。产品和研发过程中的基础和应用研究以及系统开发都是相关的活动。企业通常有自己的研发部门，但大学和其他研究机构的研究成果也时常出现在创新过程和产品中。相比于其他知识库类型的产业，分析型知识库产业的产学研合作及其相关网络十分重要。

综合型知识库的创新过程往往是面向新方案的解决效率和可靠性，或从客户角度来看产品的实用性和用户友好性。总体而言，这种特征导致了一个相当渐进的创新方式，现有产品和工艺完善占主导地位。由于这类创新不太破坏现有的程序和组织，因此，它们大多数发生在现有公司，而衍生现象则相对不太频繁。

意会型知识库的创新和生产过程经常是基于临时项目[1]（Grabher，2002）。实际上，文化产业（诸如电影制作）是意向型知识库产业的典型代表，其项目配置是临时性的[2][3][4]（DeFillippi and Arthur, 1998；Starkey et al., 2000；Sydow and Staber, 2002）。一般来说，临时项目提供了一个

---

[1] Grabher G. Fragile sector, robust practice: project ecologies in new media [J]. Environment & Planning A, 2002, 34 (11): 1911-1926.

[2] Defillippi R, Arthur M. Paradox in project-based enterprises: The case of filmmaking [C]. 1998: 125-139.

[3] Starkey K, Barnatt C; Tempest S. Beyond networks and hierarchies: Latent organizations in the UK television industry [J]. Organization science. 2000, 11 (3): 299-305.

[4] Jörg S, Udo S. The institutional embeddedness of project networks: the case of content production in German television [J]. Regional Studies, 2010, 36 (3): 215-227.

临时的区域，它在短时间内集聚了世界各地从艺术世界到商业服务等各种不同的文化体和职业。当然，象征型知识库产业的临时项目并不一定都是消除或减少文化多样性，它们在生产关系紧张和创造性冲突的地方也会触发创新①（Asheim et al.，2005）。

在此基础上，他们还对一些产业进行了归纳和定性（见图2-4）。需要指出的是，分析型、综合型、意会型的分类方式是理想的类型，大多数行业都包含所有三种类型的知识创造活动和实践，只是一些产业中某些活动占主导地位而其他活动则处于附属地位，这种重要性程度取决于行业的特点。

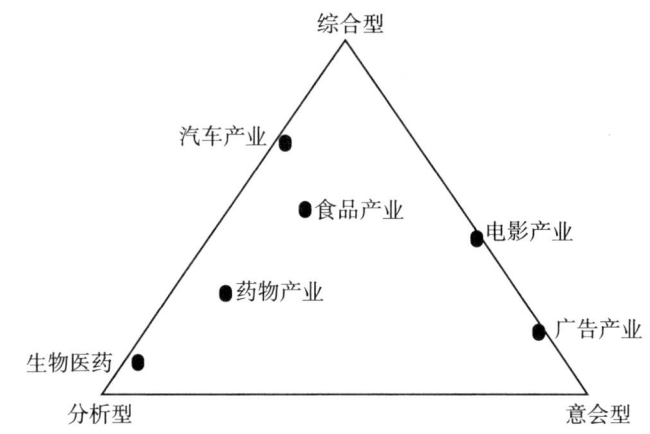

图2-4 相关产业的知识库类型

资料来源：Asheim 等（2005）。

一些学者着重关注创新网络演化在多尺度空间上的耦合与差异。Bathelt等（2004）关注了经济活动的空间集聚和在多种交互学习过程中它与知识创造的空间性的关系。他质疑了"隐性知识交流的范围局限在当地环境中，而显性知识则在全球范围内都可以几乎无摩擦的交流"这一通用解释模型的价值。他解释了显性和隐性都能在本地和全球交流的条件。一方面，在学习过程中成员间会发生嵌入群体的所谓"本地蜂鸣"；另一方

---

① Asheim B T, Coenen L. Knowledge bases and regional innovation systems: Comparing Nordic clusters [J]. Research Policy, 2005, 34 (8): 1173-1190.

面,在建立交流渠道时通过投资获取知识称作"全球管道",通常选择本地环境以外的知识提供者。高度的蜂鸣和许多管道的联合会提供给在区外的企业和活跃的集群独特的优势。他的研究强调了不同空间尺度创新网络中知识流动和技术扩散的耦合特点①。现有许多学者应用联合发明专利、合作发表论文等大样本数据对创新网络的空间格局、演变过程和内在机理做分析,取得了一系列有益成果。吕国庆(2014)对长三角装备制造业产学研创新网络的演化研究表明,城市间的创新等级差异在缩减,地理邻近性作用增强,跨区域创新网络的结构从多核向单核转变;而长三角内部创新网络的地理邻近性在下降,城市创新等级的能力在提升②;李丹丹(2013)基于不同的时空尺度对我国生物技术的知识溢出网络进行分析,研究发现组织邻近和社会邻近是国际层面知识溢出网络的主要影响因素;在国家尺度上,地理距离在逐渐完善的网络中扮演越来越不重要的角色,社会邻近和组织邻近则不断强化;而在区域层面,地理距离的作用一直十分明显,知识溢出同时遵循等级扩散和距离衰减的规律③。曾刚(2007)认为主体能级和距离是影响技术扩散和主体联系的关键因子,而且在不同空间尺度上不同因素作用强度存在差异,只有注重多尺度的耦合与差别分析才能对区域发展有所指导④。马双等(2016)利用专利合作数据对1986~2012年上海市装备制造业城市、区域和国家三个尺度的创新网络空间结构及其演变特征进行了分析。研究表明,在国家尺度上城市创新能级是主体结网行为的主要影响因素,且随着时间的推进其重要性越发明显,而地理距离在这之中并不起作用;在区域尺度上,主体创新能级的重要性贯穿整个网络发展阶段,而地理邻近的重要性在后期才开始显现;在本地尺度,合作主体间的平均距离急剧缩减,地理邻近的重要性极为突出。他

---

① Bathelt H, Malmberg A, Maskell P. Cluster and knowledge: local buzz, global pipelines and the process of knowledge creation [J]. Progress in Human Geography, 2004, 28: 31 – 56.

② 吕国庆,曾刚,郭金龙. 长三角装备制造业产学研创新网络体系的演化分析 [J]. 地理科学, 2014, 34 (9): 1051 – 1059.

③ 李丹丹,汪涛,周辉. 基于不同时空尺度的知识溢出网络结构特征研究 [J]. 地理科学, 2013, 33 (10): 1180 – 1187.

④ 曾刚,林兰. 跨国公司技术溢出与溢出地技术区位研究——以上海浦东新区为例 [J]. 世界地理研究, 2007, 16 (4): 98 – 105.

反驳了"通过大企业带动整个产业链发展"的观点,认为大力推进高科技园区、大学科技园为主要载体的产业集群的建设才是创新网络建设的关键①。

## 第二节
### 创新网络的类型与联系途径

根据创新网络中流动知识的类型,学者们一般将其分为正式联系和非正式联系两种方式。正式联系是正式的贸易关系,涉及货币、合同、协议等内容;非正式联系强调面对面的交流,它包含劳动力市场的流动、企业的衍生、技术人员的闲谈等非贸易关系,这种联系主要基于相互信任、共同理解、行为准则和日常惯例等②③(Segelod and Jordan,2004;Tsang,2005)。

Trippl等(2009)在前人的基础上,从两个维度对创新联系类型进行区分(见表2-4)④。第一个维度分为创新过程中贸易和非贸易关系⑤(Storper,1997)。贸易和正式关系涉及货币或其他补偿形式,实现了特定的知识流动,而在非贸易和非正式关系中没有特定的直接补偿。第二个维度分为知识交流的静态和动态两个方面⑥(Capello,1999)。静态的知识交流指的是现有的信息或知识从一个行为主体转移到另一个行为主体。相比之下,动态的知识交流描述了这样一种情况:即行为主体通过如合作或其

---

① 马双,曾刚,吕国庆.基于不同空间尺度的上海市装备制造业创新网络演化分析[J].地理科学,2016,36(8):1155-1164.

② Segelod E, Jordan G. The use and importance of external sources of knowledge in the software development process [J]. R&D Management, 2004, 34 (3): 239-252.

③ Tsang D. Growth of indigenous entrepreneurial software firms in cities [J]. Technovation, 2005 (25): 1331-1336.

④ Trippl M, Lengauer L. Knowledge sourcing beyond buzz and pipelines: evidence from the Vienna software sector [J]. Economic Geography, 2009, 85 (4): 443-462.

⑤ Storper M. The regional world [M]. New York: Guilford Press, 1997.

⑥ Capello R. SME clustering and factor productivity: A milieu production function model [J]. European Planning Studies, 1999 (7): 719-735.

他联合行动实现互动学习①②（Camagni，1991；Lundvall，1992）。在这种情况下，集体通过互动实现了知识拥有量的增加。基于这两个分析框架，Trippl等（2009）确定了四种知识联系的类型：市场关系、正式网络、知识溢出和非正式网络。

表2-4　　　　　　　　外部知识获取及合作伙伴的联系类型

| | 静态（知识转移） | 动态（共同学习） |
| --- | --- | --- |
| 正式/贸易关系 | 市场关系<br>·合同研发<br>·咨询<br>·授权<br>·购买中间产品 | 正式网络<br>·研发联盟<br>·研发设施共享 |
| 非正式/非贸易关系 | 知识溢出<br>·招聘专业人才<br>·监视竞争者<br>·参加展会和会议<br>·阅读科学文献和专利说明 | 非正式网络<br>·非正式联系 |

资料来源：Trippl，2009。

市场关系指的是"嵌入式"技术和知识的购买，如购买机器、信息和信息通信设备、软件、许可证。由于贸易式技术/知识或多或少以现有形式存在，因此将这些联系归为静态关系或知识转移。原则上，贸易伙伴变化迅速，并且在许多情况下互动的水平较低。而一些研究表明贸易关系通常发生在更高的空间层面上，明显地超出了区域范围③（Malmberg and Power，2005）。

知识溢出被视为真正的外部性。不同于市场关系，知识溢出不涉

---

① Camagni, R. Local milieu, uncertainty and innovation networks: Towards a new dynamic theory of economic space [M]. London: Belhaven Press, 1991, 121-144.

② Lundvall B A. National systems of innovation: towards a theory of innovation and interactive learning [J]. 1992, 7 (4): 318-330.

③ Malmberg A, Power D. How do firms in clusters create knowledge? [J]. Industry and Innovation, 2005 (12): 409-431.

及知识转移的合同或正式补偿。许多学者认为知识的外部性通常具有强烈的本地化特征[1][2]（Jaffe，1993；Bottazi and Peri，2003）。知识溢出源于各种机制，如通过劳动力流动、面对面接触或简单地通过"监控"竞争对手实现知识交流[3]（Malmberg and Maskell，2002）。

相比于市场关系，网络更加持久，它是创新过程中特定合作伙伴间形成的交互式关系。其中不仅涉及给定技术或知识的交流，还涉及集体的进一步发展和各自知识库的增加，反映了集体学习的动态过程[4]（Lundvall and Johnson，1994）。创新网络在特定的合作伙伴间建立，具有不同的形式[5]（Powell and Grodal，2005）；一些是基于正式协议或合同（R&D合作、联盟和研究公会），包括关于任务、成本、福利和收益分配方面的正式声明。然而仅有少量证据说明正式合作在地方层面上进行。因为寻找合作伙伴具有高度选择性，是针对特定战略或潜在合作伙伴的互补能力进行的，所以正式的创新网络经常出现在更高的空间尺度上。

最后，企业和组织间可能存在更多的非正式网络。这些互动是基于信任、对问题和目标的共同理解及对公共规则和行为规范的接受度。虽然通常没有正式和货币补偿知识的流动，但从长远来看存在某种形式的互利互惠。而在正式网络中，存在着地方知识库共同增强的动态形势，即集体学习。

Liefner等（2011）根据主体在创新网络中的区位、知识生产能力的强弱、知识产业化能力的高低、区域的全球地位将区域创新网络分为知识转化型区域、知识浪费型区域、知识生产型区域和知识忽视型区域4种类型，通过实证研究确定了各创新网络类型的代表区域分别为：中国台湾新竹、

---

[1] Jaffe A, Trajtenberg M, Henderson R. Geographic localization of knowledge spillovers as evidenced by patent citations [J]. Quarterly Journal of Economics, 1993 (79): 577 - 598.

[2] Bottazi L, Peri G. Innovation and spillovers in regions: Evidence from European patent data [J]. European Economic Review, 2003 (47): 687 - 710.

[3] Malmberg A, Maskell P. The elusive concept of localization economies: Towards a knowledge-based theory of spatial clustering [J]. Environment and Planning A, 2002 (34): 429 - 449.

[4] Lundvall B Å, Johnson B. The learning economy [J]. Journal of Industry Studies, 1994 (1): 23 - 42.

[5] Powell W, Grodal S. Networks of innovators [M]. In The Oxford handbook of innovation, ed. J. Fagerberg, D. Mowery, and R. Nelson. Oxford, U. K.: Oxford University Press, 2005: 56 - 85.

中国香港、美国 128 公路地区和硅谷、非洲大部分国家和区域（见图 2-5）①。

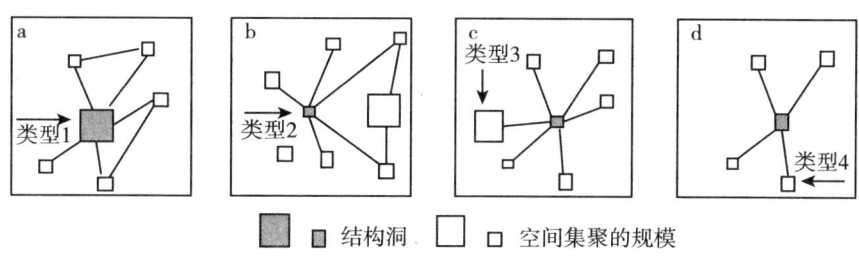

图 2-5 区域创新网络的类型

资料来源：Liefner 等（2011）。

其他一些学者则从知识流动的地域范围对创新网络类型进行区分。曹贤忠等（2016）根据网络资本和社会资本的概念将创新网络分为联系网络和合作网络两种模式，两者都关注于知识的获得性，都对网络的整体效率（包括知识流动、信息获取和技术扩散）有正向影响。但两者也有显著差别：前者是知识获取和信息交流的主要载体，创新主体可以通过联系网络进行全尺度的交流活动和知识获取，网络结构呈现动态变化的特点②（Trippl et al., 2009）；后者是主体间进行技术合作的主要载体，空间范围大多集中于本地，网络结构也较为稳固（见表 2-5）③。联系网络以非正式交流为主，联系时效和强度短暂而又微弱；合作网络以正式交流为主，持久重复的交互联系是其主要特点④（Huggins, 2001）。

---

① Liefner I, Wei Y D. Geography and there search on contemporary China: Introduction to the Special Issue: foreign direct investment, innovationand regional economicdevelopmentin China [J]. Erdkunde, 2011, 65 (1): 3-5.

② Trippl M, Lengauer L. Knowledge sourcing beyond buzz and pipelines: evidence from the Vienna software sector [J]. Economic Geography, 2009, 85 (4): 443-462.

③ 曹贤忠，曾刚，司月芳. 网络资本、知识流动与区域经济增长：一个文献述评 [J]. 经济问题探索，2016（6）：175-184.

④ Huggins R, Thompson P, Johnston A. Network capital, social capital and knowledge flow: how the nature ofinter-organizational networks impacts on innovation [J]. Industry and Innovation, 2012 (19): 203-232.

表 2-5　　　　　　　不同类型网络与知识流动的关系比较

| 网络类型 | 联系网络 | 合作网络 | 代表学者 |
|---|---|---|---|
| 结网目的 | 获取知识源 | 合作创新 | Huggins, 2012 |
| 结网方式 | 非正式 | 正式 | Tripplet al., 2009 |
| 结网类型 | 短暂、临时联系 | 持久、重复联系 | Gulati 1999; Huggins, 2001 |
| 网络结构 | 动态变化 | 较稳定 | Tripplet al., 2009 |
| 网络空间 | 全球为主，地方为辅 | 地方为主，全球为辅 | Cooke, 2009 |

资料来源：曹贤忠等（2016）。

## 第三节 创新网络的演化及其内在机理

### 一、路径依赖、锁定和路径创造

#### （一）路径依赖

基于时间序列的演化分析是经济地理学的另一转向，而对网络的研究可以概括为网络结构的成因和结果两个方面，网络演化则是网络结构的动态体现[①]（Borgatti and Foster, 2003）。创新网络的演化涉及最多的概念就是路径依赖（path dependence），一些演化经济学家已将路径依赖提升为演化经济学的"第一法则"[②]（Hall, 1994）。类似于路径依赖的概念实际上可以追溯到一个多世纪以前，Menger（1883）[③] 分析"制度的出现"以及 Veblen（1898）[④] 对于习俗和习性中"累积因果"的分析，而且它接近于

---

① Borgatti S P, Foster P C. The network paradigm in organizational research: areview and typology [J]. Journal of Management, 2003, 29 (6): 991-1013.

② Hall P. Innovation, economics and evolution: theoretical perspective on changing technology in economic systems [M]. London: Harvester Wheatsheaf, 1994.

③ Menger C. Investigation into the method of the social sciences [M]. New York: New York University Press, 1883.

④ Veblen T. Why is economics not an evolutionary science? [J] Quarterly Review of Economics, 1989 (12): 373-397.

"滞后性"概念。但直到20世纪80年代Paul David对于技术经济的历史研究以及Brian Arthur对于非线性经济过程的研究才衍生出许多用途,才使得路径依赖概念取得了较大的影响。

路径依赖过程和系统的重要特征是"非遍在"的,其历史也不是自由的。换句话说,路径依赖的过程或系统意味着现在的结果涉及其自身历史。如表2-6所示,经济学研究路径依赖主要有技术锁定、动态报酬递增、制度的滞后性三种视角[①]。

表2-6 路径依赖的三种视角

| 视角 | 主要观点 |
| --- | --- |
| 技术锁定 | 即使存在可替代技术(可能更加完善),但特定技术领域的倾向使得它锁定于特定的路径之中 |
| 动态报酬递增 | 许多现象的发展受报酬递增过程的驱使,许多外部性和学习机制产生了积极的正反馈效应,因此自增强存在于发展路径中 |
| 制度均衡 | 正式和非正式制度、社会约定和文化模式一直在自我繁殖,它们造成的社会经济活动系统支持并固化它们 |

资料来源:Martin和Sunley(2006)。

路径依赖研究的第一种视角是技术锁定(Lock-in),它源于David对QUERTY键盘发展历程的研究结论。David认为偶然的历史事件给QWERTY键盘提供原动力,使其在19世纪60年代到70年代成为"领头羊",管理者和新打字员比其他人更加青睐这款键盘。由于这些积极的反馈,尽管之后有更好的产品出现,QWERTY成为一种标准,自此打字员开始锁定于QWERTY键盘。决定我们对当今键盘选择的因素不是经济或者最优化选择,而是历史。也就是说,经济发展是个不可逆的历史发展过程,过去的事件和结果会影响未来的结果:任何时间的经济状态都依赖于历史所设定的路径之中。

David关于路径依赖的研究有三点贡献:第一,历史上偶然事件或者微小机会事件会对未来经济技术、组织和系统产生深远影响。经济变化顺序的路径依赖是:暂时性的历史事件会影响事件的最终结果,包括被机会

---

① Martin R, Sunley P. Path dependence and regional economic evolution [J]. Journal of Economic Geography, 2006, 6 (4): 395-437.

元素所主导的事件而不是系统驱动力。在这种情况下，分析经济活动时不能忽视也不能隔离历史事件；动态变化过程本身具有基本的历史特征。第二，在特定情境下，早期的决定是对历史的回应，关闭可替代的路径而开启某特定路径。因此，尽管有更好的选择和可能存在，技术、组织和系统可能锁定于不利的模式或轨道里①②（David，1999，2000）。第三，David 的许多研究都关注于技术锁定。这主要是因为3个特点：技术自相关性（技术不同组分之间的互补和互换效应）、规模经济（使用此技术后的效益，如降低成本）、投资的准不可逆性（转换技术性资本和劳动力技能时产生的沉没成本）。这些特点有时合在一起可称为"积极的网络外部性"。

路径依赖研究的第二种视角是报酬递增。Arthur（1988，1989，1994）③④⑤ 的研究主要关注经济活动中形成路径依赖时报酬递增的不同形式，他认为"在固定和报酬递减的情况下，市场演化只反映先前的投资、偏好和转变的可能性；小事件不会动摇结果。相反在报酬递增情况下，许多结果都有可能。正反馈将小事物放大，促使系统进入确定的轨道。历史上的小事件变得重要"。基于此，他定义了四种报酬递增类型：大型固定（large fixed）、首创性、前置成本；动态学习效应；共同协调效应；自增强预期。与David的研究相反，Arthur的研究是一种复杂的理论框架，这不仅是因为技术演化和锁定，也来源于经济宏观结构（来源于微小事件和行为）的显现，这就是"自组织"。

著名制度经济学家诺斯认为这四种报酬递增类型为制度提供了更多的东西，"在没有制度报酬递增和市场完全竞争的条件下，制度是无用的。

---

① David P A. At lat：a remedy for chronic QWERTY-skepticism［Z］. Discussion Paper for the European Summer School in Industrial Dynamics. Institute d'Etudes Scientifiques de Cargese，1999.

② David P A. The digital technology boomerang：New intellectual property rights threaten global open services［Z］. Working Paper 00016 Department of Economics，Stanford University，2000.

③ Arthur W B. Self-reinforcing mechanisms in economics［M］. In P. Anderson，K. Arrow and D. Pines（eds）. The Economy as an Evolving，Complex System. Reading，MA：Addison-Wesley，1988：9 – 31.

④ Arthur W B. Competing technologies，increasing returns，and 'lock-in' by historical events［J］. Economic Journal，1989，99：116 – 131.

⑤ Arthur W B. Increasing returns and path dependence in the economy［M］. Michigan：Michigan University Press，1994.

但是有了报酬递增，制度就有用了。实际上，Arthur 的四种自增强机制有所不同。总之，制度模型的互相依存网络产生了大量的报酬递增[①]（North，1990）。在一个更加复杂的情境中，Setterfield（1993，1995，1997）[②③④]设置了一个均衡模型（制度与经济活动是互相依赖的共同演化），具有不同的短期和长期结果。短期内，制度是经济系统的外生变量并呈现出不同程度的稳定性，因此为当今的经济活动提供了环境；长期内，制度架构必须被视为内生的，并对经济变化产生反馈，这些经济变化部分受制度框架的影响。由于递归性，制度变化具有路径依赖性。North 和 Setterfield 都强调一些制度架构的出现并非最优，它们的路径依赖演化意味着此种制度设置在长期内会陷入"锁定"。

路径依赖的第三个研究视角是制度滞后。正式和非正式制度都是缓慢变化的。制度是社会主体的产物同时也塑造着社会主体；它们为社会和经济活动贸易提供了稳定性和可预测性，并逐渐适应和融合这些经济活动和贸易的结果。制度和社会主体的二元性意味着制度演化具有路径依赖倾向。像经济活动一样，制度继承了历史的遗产。

## （二）路径锁定

学者们对于"锁定"的内涵解读存在分歧，主要表现在打破"锁定"状态的源动力是来自内生还是外生。Setterfield 认为"锁定"是动态系统的一种特性，它在经济活动难以脱离老套模式时出现。"锁定"状态的系统的技术、产业或制度安排过度僵化。他还指出，不是所有的路径依赖过程和系统都会"锁定"。路径依赖和锁定强调经济活动发生于历史性序列模式里（由长期的结果决定），两者是相互兼容但不是等同的概念。"锁定"

---

[①] North D C. Institutions, institutional change and economic performance [M]. Cambridge: Cambridge University Press, 1990.

[②] Setterfield M. A model of institutional hysteresis [J]. Journal of Economic Issues, 1993 (27): 755-774.

[③] Setterfield M. Historical time and economic theory [J]. Review of Political Economy, 1995 (7): 1-27.

[④] Setterfield, M. Rapid growth and relative decline: modelling macroeconomic dynamics with hysteresis [M]. London: Macmillan, 1997.

出现时可以看作是一种均衡,它不是传统意义上的停滞或休息状态,而是一种"有条件的均衡"(conditional equilibrium)。这种"有条件的均衡"由先前的一些路径依赖过程所建立,并受经济历史发展顺序中内生因素的影响。锁定是难以脱离的平衡条件,但是通过内生过程的变化可以被最终打破。Arthur(1989,1994)认为在经济活动和行为模式中,"锁定"曾被用来描述这样一种情况:即引发路径依赖的过程导致了"固着"和"僵化"状态的出现,诸如向尖端技术的升级或某一产业的空间集聚。在他的研究中,"僵化"通常被用来定义"锁定"的内涵和特质[1][2]。

通过将锁定定义为进入稳定状态或者均衡状态,David 认为锁定描述了一种内生变化停止的状态:技术、产业或者制度停止演化。换句话说,一旦锁定状态出现,路径依赖就结束(导致了特定的稳定均衡状态)。因此,有必要引进外生力量使系统逃离"锁定"状态并恢复其内生变化。这看起来是个具有诸多限制的概念。这可以运用于一些特定的技术,但是内生型变化停止几乎不是一个普遍的现象。而且,Witt(1997)认为锁定状态的出现是(一旦某一技术的使用者或者许多公司都生产同一件产品)一种"临界物质"效应的超出[3]。一些使用者或企业通过新技术或活动寻求优势,可以改变正在升级的技术或技术吸收者。锁定效应的出现可能触发不同程度的限制情景和持续时间。但在如何打破锁定上 Witt 和 Setterfield 的观点相吻合,他认为锁定无须借助外力来打破,它只是事物的短暂状态。

围绕锁定概念的争论引起了包括经济地理学者在内的更大范围的讨论(见表 2-7)。Grabher(1993)对鲁尔区的研究文献中定义了 3 种锁定形式:功能锁定(基于企业间的等级关系)、认知锁定(共同的世界观)和政治锁定(阻碍重组的密集制度结构)[4]。他认为所有这些引起了区域内煤

---

[1] Arthur W B. Competing technologies, increasing returns, and 'lock-in' by historical events [J]. Economic Journal, 1989, 99: 116-131.

[2] Arthur W B. Increasing returns and path dependence in the economy [M]. Michigan: Michigan University Press, 1994.

[3] Witt U. 'Lock-in' versus 'critical masses' -industrial change under network externalities [J]. International Journal of Industrial Organization, 1997 (15): 753-773.

[4] Grabher G, The weakness of strong ties: the 'lock-in' of regional development in the Ruhrarea [M]. In G. Grabher (ed.) The Embedded Firm: On the Socio-Economics of Industrial Networks. London: Routledge, 1993.

和钢铁工业的固化、无法吸收新知识并最终失去竞争力。David（2001）探讨了路径依赖与经济演化的关系，他认为路径依赖的特点是"可在演化中描述的各种各样的过程"。许多学者认为经济演化的重要特征之一是"内源性生成变化"①②（Witt，1992，2003），它与生物学的"点断平衡说"极为相似。对于后者来说，演化是阶段性的过程，通过关键时刻的打断来建立相对稳定阶段，其中重要的撞击导致了系统大转变并建立起一个相对稳定和缓慢变化的新阶段。Martin 和 Sunley（2006）认为"所有的演化过程和机理都可被看作路径依赖；但不是所有的路径依赖过程都可称为演化③。例如，报酬递增和网络外部性模型（包括克鲁格曼和其他新地理经济学家在区域发展中使用的模型）产生了路径依赖结果，但这不算是演化。路径依赖系统需要形成创新和新路径的机制才能称为真的演化"。虽然锁定的概念经常是负面的，但 Martin（2006）认为区域经济演化涉及积极锁定（报酬递增和正面外部性增强区域产业变动）向消极锁定的转变（消极锁定导致了僵化和固定，它们破坏了区域生产力、适应性和竞争力并促进了报酬递减），并不是所有的锁定都是负面的（见图 2-6）。

表 2-7　　　　　　　　　学者们对于锁定的争论

| 关键问题 | 相关讨论 | 代表学者 |
| --- | --- | --- |
| 锁定基本内涵 | a. 有条件的均衡状态，与路径依赖相互兼容 | Setterfield、Arthur |
| | b. 内生变化停止状态，发生于路径依赖之后 | David、Witt、Grabher |
| 锁定是否负面 | a. 负面、僵化、没有活力 | Grabher、Setterfield、Arthur |
| | b. 有积极和消极之分 | David、Martin |
| 如何打破锁定 | a. 内生变化的自我更新 | Setterfield、Arthur、Witt、Martin |
| | b. 外部的强力冲击 | Grabher、David、Martin |

资料来源：根据 Grabher（1993），David（1993，1997，2001），Witt（1992，2003），Setterfield（1993，1995），Arthur（1989，1994），Martin and Sunley（2006）等文献整理得到。

---

① Witt U. Evolutionary concepts in economics [J]. Eastern Economic Journal, 1992 (18): 405-419.

② Witt U. The evolving economy [M]. Cheltenham: Edward Elgar, 2003.

③ Martin R, Sunley P. Path dependence and regional economic evolution [J]. Journal of Economic Geography, 2006, 6 (4): 395-437.

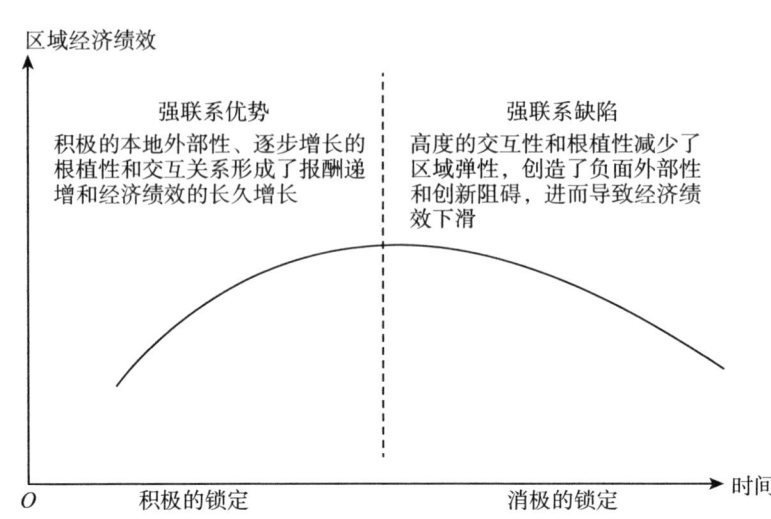

图 2-6 区域路径依赖从积极锁定到消极锁定

资料来源:Martin 和 Sunley (2006)。

一些学者认为,并不是所有的路径依赖过程都是本地现象。本地企业、组织和制度与其他地方的其他产业、市场、惯例框架和制度高度相关,以及国家甚至是全球的整个空间尺度。区域路径依赖也可能涉及本地或非本地的共同演化和共同自增强联系。某区域内经济主体和发展会塑造另一地区的发展,某区域特定路径的锁定可能会导致其他地区的锁定(locking-out)。区域间不同产业内和产业间的相互依赖意味着不同区域经济会出现共同路径。而且,不均衡区域发展模式会在国家尺度上产生路径依赖及共同演化。区域路径依赖既是现象也是过程,而且也是原因和影响因素。路径依赖塑造了区域的经济发展,也创造了经济活动的区域结构。同时,区域还塑造了路径依赖的过程。显然,路径依赖作为结果和过程发生于各种空间尺度上,某一空间尺度上的过程和结果影响了另一空间尺度。可见,不同空间尺度的共同演化和路径依赖如何相互作用仍是未解之谜。

Martin 和 Sunley (2006) 还对区域发展过程中积极锁定和消极锁定的互相转变进行了研究。起初,引起路径依赖的报酬递增效应具有正面的发展和生长机制,这种积极锁定是区域自我生长的必要条件。区域围绕具有外部经济性的相关产业及其衍生产业进行发展,积极锁定可能持续几十年。但是经济历史显示这种区域(引领产业和技术系统走向成熟)最终会失去之前的生长动态性并进入消极锁定和经济衰退过程。在后一种情况下,区域经济中的行为、想法和网络根植性变得僵化,不再产生报酬递增并可能导致负面外部性。曾经推动经济发展的强联系会变成衰弱的源泉。

### (三) 路径创造

路径依赖强调历史事件在创新网络和社会经济演化过程中扮演重要角色,但也存在一些缺陷。路径依赖忽视情境性和因果过程,而且无法解释为什么某些区域的琐碎事件被选择并变得显著,而另一些区域的相同机会事件却没能引起新产业路径的诞生①(Martin and Sunley, 2006)。在许多本地化例子中,前提条件是十分清晰的。例如,英国汽车运动集群的产生不能被克鲁格曼的"历史事件"模型完全解释②(Krugman, 1991),但却能追溯到一组本地历史遗产③(Pinch and Henry, 1999)。路径依赖应该强调有意识行为和积极的不可预见的反馈④(Puffert, 2000)。基于桌面便利贴的发明者 Spencer Silver 的故事,Garud(2001)发现行为主体有意识打破常规形成新惯例的做法,从而提出了"路径创造"(pathcreation)的概念,"有意识的偏离"是这一理论的核心内容⑤。路径依赖强调偶发机会和小概率事件,而路径创造更强调行为主体的主观能动性和创造力。行为主体经过深思熟虑后有意地改变先前的发展路径,改变旧有规则和行为规范,或创造新的规则和规范,进而开拓出新的发展路径。

如果一个地区包含一组功能关联的、并在早期增长阶段之后建立并合法化的企业、支持主体和制度,他们不断发展出新工艺和新产品,那么区域路径就创造出来了。在这些关于路径创造的制度上以及叙述性的观点

---

① Martin R, Sunley P. Path dependence and regional economic evolution [J]. Journal of Economic Geography, 2006, 6 (4): 395–437.

② Krugman P. Geography and trade [M]. Leuven and Cambridge, MA: Leuven University Press and MIT Press, 1991.

③ Pinch S, Henry N. Paul Krugman's geographical economics, industrial clustering and the British motor sport industry [J]. Regional Studies, 1999 (33): 815–827.

④ Puffert D. Path dependence, network form and technological change [C]. Paper presented at the Conference to Honour Paul David-History Matters: Economic Growth, Technology, and Population, Stanford University, 2000.

⑤ Garud R, Karnøe P. Path dependence and creation [M]. London: Lawrence Erlbaum, 2001.

中，没有给出初始条件，历史偶然性是重要的背景，自我强化机制被策略性操纵，锁定只是路径形成中一个短暂的稳定阶段。路径创造是分散的网络主体共同创造新的市场和用户、调整规则，游说补贴或限定新的技术标准的迭代的建设过程，最终形成有利于区域中新产业发展和繁荣的环境。新路径的出现不是来自外部冲击，而是来自不同参与主体对结构锁定采取的主动行动。

表2-8　　　　　　　　　路径依赖和路径创造

| 维度 | 路径依赖 | 路径创造 |
| --- | --- | --- |
| 初始条件 | 外生的偶然性，表现为无法预测的、无目的的、具有一定随机性的事件 | 可控的，作为经济主体持续性行动的嵌入型环境 |
| 自我强化机制 | 自发产生 | 受到经济主体策略性行动的掌控 |
| 结果 | 在没有系统外生冲击的情况下，可能"锁定"在特定的路径或结果上 | 可能"锁定"，但是结构化过程中更大可能处于暂时的稳定状态，内生性力量能够打破 |
| 基本性质 | 涌现性，非遍在性随机过程 | 建构性，经济主体有意识行为的创新过程 |

资料来源：尚勇敏（2015）。

对于区域路径依赖和路径创造，Martin 和 Sunley（2006）认为，外部初始冲击和危机不常作为区域消极路径依赖的解救者，而可能是反面效应[①]。例如，主要经济衰退经常出现突然的滞后效应，大规模产业衰退会压垮主导的资源配置和相对应的制度，也会使经济主体失去动力。区域危机和外部冲击的影响显然是不确定的，不同区域将会拥有不同的脆弱点，包括应对消极锁定的内生过程和外部原始冲击[②]（Thelen，1999）。路径依赖不是完全偶然的，引起新的发展路径的事件可能包含一系列战略目的和有意行为。Puffert（2001）进一步指出路径依赖不是目的性战略行为的选择，而是使经

---

[①] Martin R, Sunley P. Path dependence and regional economic evolution [J]. Journal of Economic Geography, 2006, 6 (4): 395 - 437.

[②] Thelen K. Historical institutionalism in comparative politics [J]. Annual Review of Political Science, 1999 (2): 369 - 404.

济主体对技术和塑造技术路径更加渴望,同时使它们的区域或者新产业更具本地化特点[①]。超出控制或认知的环境影响了主体努力的成功,从这个层面来讲,这些事件具有偶然性维度,但是它们经常依赖于或来源于有目的的力量。一些区域经历了消极锁定的袭击和长期相对衰退的问题,但也有其他区域则适应并避免了消极锁定的影响,并影响了积极锁定的过程(见图2-7)。

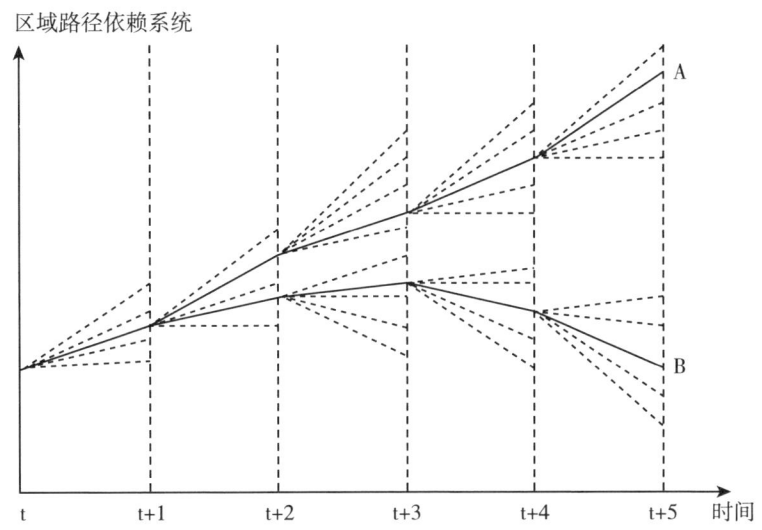

A-区域路径依赖中的积极锁定
B-区域路径依赖中积极锁定转变为消极锁定
细虚线代表可能的区域发展路径,实线代表实际发生的路径,纵坐标的区域路径依赖系统一般用创新效率或经济效率表征

图2-7 区域路径依赖和路径创造

资料来源:根据Martin和Sunley(2006)整理得到。

## 二、多维邻近性

20世纪50年代中期以来,学者对系统化不同形式的邻近性做出了许多分析尝试。20世纪末,区域经济学家越来越重视经济互动中的空间关联

---

① Puffert D. Path dependence, network form and technological change [C]. Paper presented at the Conference to Honour Paul David-History Matters: Economic Growth, Technology, and Population, Stanford University, 2000.

性，提出了地理空间替代形式的邻近性。例如，学习型区域（制度邻近）①、创新环境学派和产业区理论（重视关系和社会邻近性）②③④。由于计量经济学软件计算能力的限制，这一阶段多是简单地基于地理空间或者是经验主义，例如，新经济地理学框架⑤（Fujita et al., 1999）不能够解释更为复杂的邻近性。20 世纪 90 年代中期，受经济学邻近性替代方法开创性工作的刺激以及计量经济学软件计算能力的提高，应用研究再次兴起。这些研究通常涉及知识溢出的决定因素和区域经济增长，虽然研究目的多样化，但有一个共同的兴趣点，即各经济体间通过何种邻近性相互作用（见图 2 - 8）。实际上，在标准的知识溢出和创新网络的研究中，物理距离通常被看作"黑箱"。正如 Grosjean（2011）指出，距离本身非常重要，且它也代表了其他的决定因素⑥。在这类文献中，各种类型的邻近性被看作是创新网络运行的重要内在动力。

法国邻近学派（the French school of proximity）的大部分研究是基于组织邻近的概念。组织邻近导致行为主体的集体感，使它们更加富有成效，特别是行为主体有共同的文化、宗教和社会观。组织邻近需要两个主要因素：其一，人以某种方法通过网络联系在一起；其二，共享同样的文化、宗教和社会观。这和产业区文献中提出的社会邻近性紧密相关。组织邻近性的概念是其他不同邻近性的融合，人们从组织邻近中受益但不一定要在地理上相邻。组织邻近实际上是基于集体感和相似性，前者指人们属于同

---

① Johnson B, Lundvall B. The learning economy [J]. Journal of Industry Studies, 1994, 1 (2): 23 - 42.

② Aydalot P. Milieux innovateur en Europe [C]. Paris: Groupe de Recherche European sur les Milieux Innovateurs (GREMI), 1986.

③ Camagni R. Local milieu, uncertainty and innovation networks: towards a new dynamic theory of economic space [M]. In R Camagni, Innovation Networks: Spatial Perspectives, London: Belhaven-Pinter, 1991: 121 - 144.

④ Becattini G. The Marshallian industrial district as a socio-economic notion [M]. In F. Pyke, G. Becattini and W. Sengenberger (eds) Industrial Districts and Inter-firm Co-operation in Italy, Geneva: International Institute for Labour Studies, 1992: 37 - 51.

⑤ Fujita M, Krugman P, Venables A. The spatial economy-cities, regions and international trade [M]. Boston, MA: MIT Press, 1999.

⑥ Grosjean P. The weight of history on European cultural integration: a gravity approach [C]. Paper presented at the 2011 Meeting of the American Economic Association, 2011.

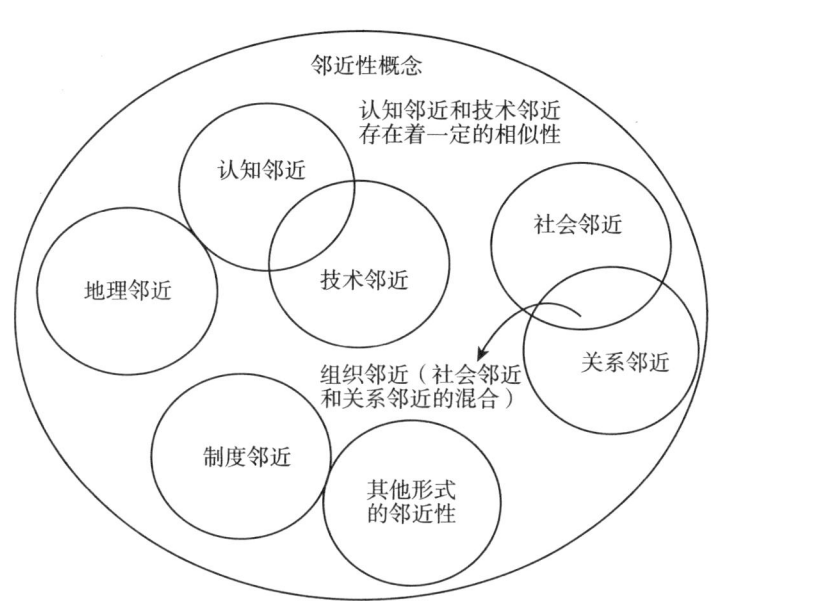

**图 2-8 邻近性概念分类**

资料来源：根据 Caragliu 和 Nijkamp（2016）整理得到。

一空间网络且直接或间接相连，后者指人们有相似的心理态度[①]（Caragliu and Nijkamp，2016）。

此后，以 Boshma 为代表的乌得勒支学派将多维邻近作为创新网络演化动力展开了大量讨论，通过梳理、辨析多维邻近性的内涵和特征，将其归并为地理、制度、社会/关系、认知和组织等五种邻近性[②]（吕国庆，2016），并以此为理论分析框架对欧洲多个国家和地区进行了大量的实证研究[③④⑤]（Boschma，1999，2005；Ter Waland Boschma，2011）。同样的，

---

① Caragliu A, Nijkamp P. Space and knowledge spillovers in European regions: the impact of different forms of proximity on spatial knowledge diffusion [J]. Journal of Economic Geography, 2016, 16 (3): 1-10.

② 吕国庆. 中国装备工业创新网络研究 [D]. 华东师范大学, 2016.

③ Boschma R A, Lambooy J G. Evolutionary economics and economic geography [J]. Journal of Evolutionary Economics, 1999, 9 (4): 411-429.

④ Boschma R A, Weterings A B R. The effect of regional differences on the performance of software firms in The Netherlands [J]. Journal of Economic Geography, 2005, 5 (5): 567-588.

⑤ Ter Wal A L J, Boschma R A. Co-evolution of Firms, Industries and Networks in Space [J]. Regional Studies, 2011, 45 (7): 919-933.

认知和技术邻近性也是邻近性概念的一种形式。技术邻近性主要是产业组织的焦点,知识在定义狭窄的可兼容的技术类别中更容易流动。最近关于相关多样性的研究发现,认知邻近在某种程度上提高了行为主体相互交流(cross-fertilization)。它要求用同样的科学语言(例如,有同样的技术范式),同属于同一狭窄的技术类别。属于同一技术类别的不同技术思想产生创造性的共振,最终促进创新。

需要指出的是,所有的这些邻近性的定义都不意味着传统距离衰减效应的死亡。实际上,大多数实证研究发现这些形式的邻近性是对地理邻近的补充。这种相互补充是基于知识的内隐性。有些知识是标准的、可编码的,有些知识是不能用书写形式正式传达的。这涉及事实知识和诀窍知识的二分法。

近年来,许多学者的分析视角从单一的地理邻近转向多维邻近性的角度,剖析创新网络演化的内在机理和推动力。Boschma 等(2009)对瑞典 10 万多个技术工人流动的案例研究发现,具备与工厂现有知识基础相关的工人对工厂的生产产生了积极影响,具备已经存在于工厂知识库的知识的新员工,其流入产生了负面影响。地理邻近影响了不同技术工人的流入。无关的技能流入只在同一地区内才显示出显著性。只有流动的技术工人是新员工时,跨地区的劳动力流动对工厂的生产率增长才有积极影响[1];党兴华等(2013)基于我国 10 年联合申请专利数据对多维邻近性与创新绩效的关系进行了定量分析,研究结果表明两者之间存在显著的正相关关系[2]。吕国庆等(2014)就地理邻近和社会邻近对我国装备制造业创新网络及其演化的影响进行实证分析。研究发现地理邻近对创新网络演化具有首要的推动作用,其作用机理曲线呈现先上升后稳定的态势。社会邻近占据次要位置,但在知识流动的扩展和深化过程中扮演重要角色,随着时间的推移和网络发展日趋完善,社会邻近成为影响创新网络演化和主体间交流互动的重要影响因子[3]。史焱文等(2016)以寿光蔬菜产业集群为例,

---

[1] Boschma R A, Fritsch M. Creative Class and Regional Growth: Empirical Evidence from Seven European Countries [J]. Economic Geography, 2009, 85 (4): 391-423.

[2] 党兴华,常红锦. 网络位置、地理临近性与企业创新绩效:一个交互效应模型 [J]. 科研管理, 2013, 34 (3): 7-13.

[3] 吕国庆,曾刚,顾娜娜. 基于地理邻近与社会邻近的创新网络动态演化分析——以我国装备制造业为例 [J]. 中国软科学, 2014 (5): 97-106.

研究了地理邻近、关系邻近及两者交互作用对企业创新的影响。他发现，对于农业类型的产业集群而言，多维邻近性的影响方式、作用机理与制造业、工业领域的集群有些许不同。地理邻近的作用仍然明显，但提升集群企业创新水平和技术能力的效果不如关系邻近，关系邻近是推进寿光蔬菜产业集群企业创新绩效提升的首要驱动因子。可见，多元关系邻近在集群创新过程中能够对消除过度的地理邻近、单一关系邻近造成的创新锁定起到作用①。

## 本章小结

对于创新网络的研究，经济地理学界经历了从单区位到多区位、经典的区位分析（space of places）向现代流空间（space of flows）、静态到动态的转变，研究方法也从传统的质性分析向定量研究转变，一些学者甚至借鉴和应用相关学科的分析方法和概念模型（如社会学的社会资本和社会网络分析等）来解决经济地理学中有关创新网络的议题。本章综述从创新经济地理学和关系经济地理学的视角出发，对创新网络的行为主体与结构、创新网络的类型与联系途径以及创新网络的演变三个角度入手，总结了前人的研究成果，但仍有以下不足。

（1）新近关于创新网络结构、网络演变和内在机理、网络创新绩效关系的研究主要集中"新经济"行业，如电子、电信和其他信息技术产业，对于装备制造业这一传统产业关注较少②③④⑤（Fan, 2006; Sun and Wen,

---

① 史焱文，李二玲，李小建. 地理邻近、关系邻近对农业产业集群创新影响——基于山东省寿光蔬菜产业集群实证研究 [J]. 地理科学，2016, 36（5）: 751-759.

② Fan C C, Scott A J. Industrial Agglomeration and Development: A Survey of Spatial Economic Issues in East Asia and a Statistical Analysis of Chinese Regions [J]. Economic Geography, 2003, 79 (3): 295-319.

③ Sun Y F, Wen K. Uncertainties, imitative behaviours and foreign R&D location: explaining the over-concentration of foreign R&D in Beijing and Shanghai within China [J]. Asia Pacific Business Review, 2007, 23 (3): 405-424.

④ Wang J H, Lee C K. Global Production Network and Local Institutional Building: The Development of the Information Technology Industry in Suzhou, China [J]. Environment & Planning A, 2007, 39 (8): 1873-1888.

⑤ Wei Y D, Wang C. Restructuring Industrial Districts, Scaling Up Regional Development: A Study of the Wenzhou Model, China [J]. Economic Geography, 2007, 83 (4): 421-444.

2007；Wang and Lee，2007；Wei and Wang，2007）。特别地，石油装备制造业作为装备制造业的细分类别之一，由于其涉及能源安全、国家利益等各方面，企业的创新合作及其呈现出的网络特征必定会和其他产业有所差别（可能存在更强的封闭性）。尽管近年来中国的石油装备制造业实现了巨大的增长且日益重要，但却几乎完全被忽略。此外，高度工业化背景下形成的西方理论并不适用于发展中国家的环境①②（Yeung and Lin，2003；王缉慈，2010）。以中国为例，许多研究已经证实，广阔、多元化的企业间和人际网络有助于中国业务的成功③④（Lu and Ma，2008；Ma et al.，2009），这表明企业拓展它们与客户、供应商、竞争对手和国家的联系，其高管与其他高管扩大他们的个人网络，可能有助于他们的业务能力的提高。

（2）近年来，经济地理学界对传统封闭式的产业集群及其创新网络进行了反思，将外部通道纳入产业集群的研究范畴中⑤（Bathelt，2004）。许多学者强调开放式创新对集群和企业网络的正向影响，然而有时却矫枉过正。技术"守门员"以及"结构洞"等理论主要关注了作为中间人的企业的风险和责任，但却没有考虑网络中其他成员以及整体网络的信息流动和创新合作关系。当每个人都被连接，处于一个无人可以逃避他人注意的具有封闭性的网络时，这种密集性网络带来的富有社会资本会对创新主体带来两个方面益处。一方面，它影响了信息的获取⑥（Coleman，1990），具有更多直接联系的网络结构能够改善生产者之间的交流，并稳定创新成本

---

① Yeung H W，Lin G C. Theorizing economic geographies of Asia [J]. Economic Geography 2003，79：107 – 128.

② 王缉慈. 超越集群：中国产业集群的理论探索 [M]. 科学出版社，2010.

③ Lu J，Ma X. The contingent value of local partners' business group affiliation [J]. The Academy of Management Journal 2008，51：295 – 314.

④ Ma X，Yao X and Xi Y. How do inter-organizational and interpersonal networks affect a firm's strategic adaptive capability in a transition economy? [J]. Journal of Business Research 2009，62：1087 – 1095.

⑤ Bathelt H，Malmberg A and Maskell P. Clusters and knowledge：local buzz，global pipelines and the process of knowledge creation [J]. Progress in Human Geography 2004，28：31 – 56.

⑥ Coleman J. Foundations of social theory [M]. Belknap Press of Harvard University Press，1990.

和风险①② (Baker, 1984; Baker and Iyer, 1992); 另一方面, 网络封闭性能够产生约束力, 降低主体间因相互信任而产生的风险③ (Coleman, 1988)。约束力使得拥有共同朋友的人们间的信任变得更为可能④⑤ (Granovetter, 1985, 1992)。因此, 特别是对一些涉及国家利益、民族安全的重大产业(如能源、军工等), 其集群网络是否存在封闭性, 以及这种封闭性是否真的会对企业创新产生负面影响还需进一步研究和探讨。

(3) 全球和地方两个空间尺度是经济地理学界对创新网络着重研究和讨论的两个方面。前者以全球生产网络、全球价值链和商品链为代表, 后者有区域创新系统、产业集群等相关理论作支撑。然而, 全球化和地方化是交互融合、不可分割的两个方面, 全球化是地方走向全球的过程, 本地化是全球深入地方的过程, 两者都涉及了全球和地方两个空间尺度。可以说, 全球化和地方化一个事物的两个维度⑥ (曹贤忠等, 2016)。因此, 局限于单一空间尺度的创新网络研究会造成"盲人摸象"的情况。不同空间尺度的耦合发展缺乏深入研究, 影响企业创新的关键因素来自何种空间尺度的讨论依旧缺乏⑦ (吕国庆, 2016)。

---

① Baker W E. The social structure of a national securities market [J]. American Journal of Sociology, 1984, 89 (4): 775 – 811.
② Baker E, Iyer V. Information networks and market behavior [J]. Journal of Mathematical Sociology, 1992, 16 (4): 305 – 332.
③ Coleman JS. Social capital in the creation of human capital [J]. American Journal of Sociology, 1988, 94: 95 – 120.
④ Granovetter M. Economic action and social structure: the problem of embeddedness [M]. Blackwell Publishers, 1985: 481 – 510.
⑤ Granovetter M. Convergence stood on its head: anew look at Japanese and American work organization [J]. Contemporary Sociology, 1990, 19 (6): 789.
⑥ 曹贤忠, 曾刚, 司月芳. 网络资本、知识流动与区域经济增长: 一个文献述评 [J]. 经济问题探索, 2016 (6): 175 – 184.
⑦ 吕国庆. 中国装备工业创新网络研究 [D]. 华东师范大学, 2016.

# 第三章

# 集群创新网络的经济地理学基础

自20世纪70年代开始,产业集群、区域创新系统、全球生产网络等理论便成为经济地理学界的重要理论框架,学者们对其进行了深入系统的分析和建构,其中既有关注企业集聚所带来的正向外部性,也有关注区域创新环境、制度厚度和地方情境性所带来的社会资本和网络资本效应,更有将视野放置于跨国公司的全球治理和组织权力上。这期间也出现了许多学术分野和流派差别,主要有新区域主义、北欧学派、法国邻近学派、欧洲创新环境小组、加利福尼亚学派、曼彻斯特学派、全球生产网络的管理学派等。本章通过对创新经济地理学产业集群、区域创新系统和全球生产网络三个不同空间尺度的理论进行梳理,分析并总结创新网络建构的相关逻辑,并为后面的实证研究提供理论支撑。

## 第一节

### 产业集群

自20世纪70年代以来,地理学、经济学、管理学等诸多学科就将产业集群视为本学科研究的重要议题。40多年来,相关研究成果浩如烟海,研究方向包括产业集群内涵和类型、集群的组织结构、集群的演化和驱动因子、集群发展的内在机理和外部条件等相关内容。

## 一、产业集群的内涵和类型

相关经济行为的集聚是经济地理学的核心特征①②③④（Marshall，1920；Porter，1990；Krugman，1991；Ellison and Glaeser，1999）。波特在1990年最早提出了产业集群的概念和内涵（Porter，1990）。他认为，产业集群是一组地理上临近的相互联系的公司和关联机构，它们同处在一个特定的产业领域，由于具有共性或互补性而联系在一起。集群通常包括下游产业的公司、互补产品的生产商、专业化基础结构的供应者，以及提供培训、教育、信息、研究和技术支撑的其他机构。然而，产业集群虽然描述了后工业化时代区域经济集聚发展的现象，但目前所给出的定义却没有充分考虑集群的外部特性。波特对产业集群的界定强调区域微观主体之间的合作对于地区竞争力的积极作用，但没有充分考虑网络信息时代和经济全球化所带来的外部冲击及其作用机理⑤（曾刚、文嫮，2004）。学界从各自的研究背景与视角对产业集群的概念及其内涵进行了界定，但由于学科差异还未形成统一认识（见表3-1）。

表3-1　部分学者对产业集群的定义

| 代表人物 | 定义 |
| --- | --- |
| Porter（1990） | 产业集群是一组地理上临近的相互联系的公司和关联机构，它们同处在一个特定的产业领域，由于具有共性或互补性而联系在一起。集群通常包括下游产业的公司、互补产品的生产商、专业化基础结构的供应者和提供培训、教育、信息、研究和技术支撑的其他机构 |
| UNIDO（1995） | 产业集群是生产一系列相同或相关产品而面临共同的挑战和机遇的企业在部门和地理上的集中 |

---

① Marshall A. Principles of economics: an introductory volume [M]. Principles of economics: an introductory volume. Macmillan, 1920: 457.

② Porter M E. The competitive advantage of nations [M]. New York: Free Press, 1990.

③ Krugman P. Increasing returns and economic geography [J]. Nber Working Papers, 1991, 99 (3): 483–499.

④ Ellison G, Glaeser E L. The geographic concentration of industry: does natural advantage explain agglomeration? [J]. American Economic Review, 1999, 89 (2): 311–316.

⑤ 曾刚，文嫮. 上海浦东信息产业集群的建设 [J]. 地理学报，2004，59 (zl): 59–66.

续表

| 代表人物 | 定义 |
| --- | --- |
| OECD（1998） | 产业集群可以描述为众多相互依赖的企业（包括专业化的工艺供应商）、知识生产机构（大学、科研院所和技术支撑机构）和一些中介服务机构（经济商、智囊团）以及客户所组成的一种生产网络 |
| Scott（2002） | 产业集群是基于合理劳动分工的生产商在地域上结成的网络（生产商和客商、供应商以及竞争对手等的合作与链接）与本地的劳动力市场密切相连 |
| Rosenfeld（1997） | 产业集群是为了共享专业化的基础设施、劳动力市场和服务，同时共同面对机遇、挑战和危机，从而建立积极的商业交易、交流和对话的渠道，在地理上有界限而又集中的一些相似、相关、互为补充的企业 |
| 王缉慈（2001） | 产业集群是指大量专业化的产业（或企业）及相关支撑机构在一定地域范围内的柔性集聚，它们结成密集的合作网络，植根于当地不断创新的社会文化环境 |
| 仇保兴（1999） | 由一群彼此独立自主但相互之间又有特定关系的小企业组成；在这种特定关系中隐含着专业分工和协作现象，即产业集群中企业间的互为行为；互为行为包括小企业间的交换和适应；集群中存在企业间的互补和竞争关系；信任与承诺等人为因素来维持集群的运行并使其在面对外来机构竞争时拥有其独特的竞争 |
| 魏江（2003） | 一群位于同一小地理区域的相关企业组成的集合体，它是具有地理边界的中小企业在某一特征关联背景下的产业生态系统 |
| 曾刚等（2004） | 产业集群是指企业在一个特定的区域内通过纵向和横向层面所展开的经济技术合作和竞争所形成的、空间临近的产业群体 |

资料来源：张云伟. 跨界产业集群之间合作网络研究［D］. 华东师范大学，2013.

如何识别产业集群及其地理空间范围是学术界一直悬而未决的议题。集群是产业的地理集聚，它涉及知识、技术、投入、需求等一系列联系。Marshall（1920）强调集聚的三个核心驱动力：投入产出（IO）联系；劳动力市场和知识溢出；它们关系到企业成本或生产力优势[1]。随着时

---

[1] Marshall A. Principles of economics: an introductory volume [M]. Principles of economics: an introductory volume. Macmillan, 1920: 457.

间推移，大量文献拓展了集聚驱动力的概念，包括本地需求条件、专业化制度、区域商业的组织结构和社会网络①②③④⑤⑥（Porter，1990，1998；Saxenian，1994；Storper，1995；Markusen，1996；Sorenson and Audia，2000）。可见，集群包含知识、技能、投入、需求和其他各类产业联系。基于区域的方法和理论的局限在于：这种定义只考虑了区域内现有经济活动的联系⑦⑧⑨⑩（Bathelt et al.，2004；Maskell and Malmberg，2007；Feser et al.，2009；Bathelt and Li，2013），不在同一区域内出现的活动被视为与其他区域经济活动不关联。但是，这种不存在的活动可能会与区域内的活动关联，知识历史因素、市场缺陷或其他因素会阻碍其发展。由于这些联系可能从其他区位的联系中提取，区域集群定义因此变得较为狭隘。Delgado 等（2016）基于包含共存模式、投入产出关系和劳动职业相似性等指标对美国服务和制造业中 778 个产业和所有基准区域（EAs）进行细致严谨的计算，最终确定了 51 个产业集群⑪（见图 3-1）。

---

① Porter, M. E. The Competitive Advantage of Nations [M]. New York: Free Press, 1990.

② Porter, M. E. Clusters and competition: New agendas for companies, governments, and institutions. In Porter M. E. (ed.) On Competition, pp. 197-299. Boston: Harvard Business School Press, 1998.

③ Saxenian A. Regional advantage: culture and competition in Silicon Valley and Route 128 [M]. Cambridge, MA: Harvard University, 1994.

④ Storper M. The resurgence of regional economies, ten years later: The region as a Nexus of untraded interdependencies [J]. European Urban and Regional Studies 1995 (2): 191-221.

⑤ Markusen A. Sticky places in slippery space: A typology of industrial districts [J]. Economic Geography 1996, 72: 293-313.

⑥ Sorenson O, Audia P G. The social structure of entrepreneurial activity: geographic concentration of footwear production in the United States, 1940-1989 [J]. American Journal of Sociology, 2000, 106: 424-462.

⑦ Bathelt, H., Malmberg, A., Maskell, P. Clusters and knowledge: Local buzz, global pipelines, and the process of knowledge creation [J]. Progress in Human Geography, 2004, 28: 31-56.

⑧ Maskell P, Malmberg A. Myopia, knowledge development and cluster evolution [J]. Journal of Economic Geography, 2007, 7: 603-618.

⑨ Feser E J, Renski H, Koo J. Regional cluster analysis with inter-industry benchmarks [M]. In Goetz S. J., Deller S. C., and Harris T. R. (eds) Targeting Regional Economic Development, London: Routledge, 2009: 213-238.

⑩ Bathelt H, Li P F. Global cluster networks-foreign direct investment flows from Canada to China [J]. Journal of Economic Geography, 2013, 13: 3-14.

⑪ Delgado M, Porter M E, Stern S. Defining clusters of related industries [J]. Journal of Economic Geography, 2016, 3 (16): 1-38.

## 封闭型创新网络的结构和内在机理研究

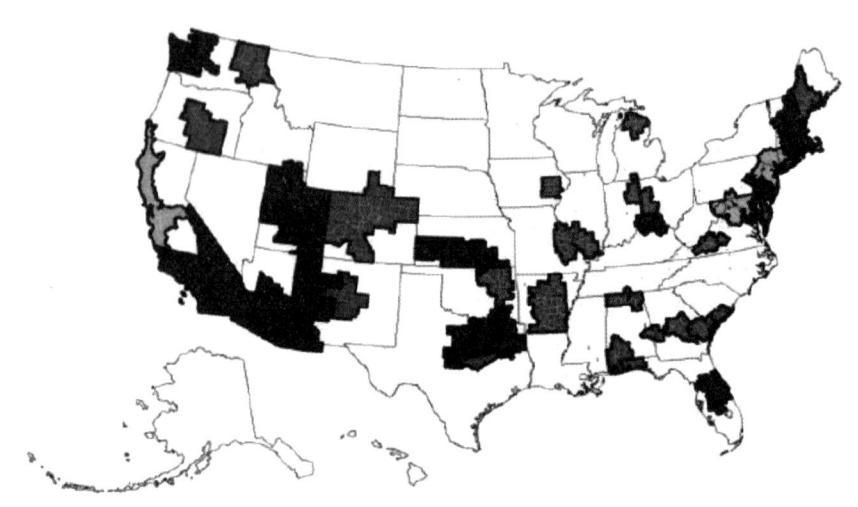

**图 3-1　2010 年美国航空航天产业集群的地理区域和空间范围**

资料来源：Delgado, Porter and Stern (2016)。

根据不同的标准和依据，产业集群可以分为不同的类型。根据时间维度的不同，产业集群可分为临时性产业集群和永久性产业集群（见表 3-2）。根据产业集群的组织结构差异，可以分为马歇尔式产业集群、轮轴式产业集群和卫星式产业集群（见表 3-3）。

**表 3-2　　　　　　　　　　不同时间维度的产业集群对比**

| 类别 | 永久性集群 | 临时性集群 |
| --- | --- | --- |
| 行为主体 | 均位于本地，与周边主体在日常惯例和行为规范上一致性强 | 分布于全球各地，流动性强，知识库的异质性特点明显 |
| 空间分布 | 集群的形成、发展、演化都在某个特定区域内完成 | 流动性较大且有时间规律，倾向于大城市和专业化城市分布 |
| 合作方式 | 产学研合作和产业链合作为主 | 以企业间的垂直合作和水平合作为主 |
| 主要作用 | 知识和产品生产，技术创新 | 信息交流、知识流动 |

资料来源：刘亮，曾刚. 国际暂时性集群发展研究——以国际展览会为例 [J]. 世界地理研究，2012, 21 (1): 131-138.

表 3-3　　　　　　　　不同组织结构的产业集群对比

| 维度 | 马歇尔式产业集群 | 轮轴式产业集群 | 卫星式产业集群 |
| --- | --- | --- | --- |
| 创新主体 | 以中小企业为主；随机分布 | 一个或多个大企业支配，小企业位于外围；明显的等级制度 | 少数大企业 |
| 企业联系强度 | 集群内部联系紧密，合作网络基于信任的关系，与区外企业合作和联系程度低 | 主要为核心公司和小公司之间的联系；大公司对外联系较紧密 | 集群内部联系较弱；与外部企业特别是母公司联系紧密 |
| 联系指向 | 内 | 外 | 外 |
| 集聚经济 | 高；当地劳动资源库；专业化分工；知识共享 | 高；但集聚经济内部化 | 低；公司位于集群内，主要是为了获取区域低廉的劳动成本优势 |
| 劳动力流动性 | 区域内流动频繁，区域间较少 | 大公司之间流动较少；劳动对公司而不是区域承诺 | 低，劳动市场在集群外部，一体化的企业中 |
| 主要弱点 | 产业路径依赖；面临经济环境和技术突变适应缓慢 | 整个集群依赖少数大企业的绩效 | 依赖外部参与者；有限的本地企业行为影响了竞争优势 |
| 典型发展轨迹 | 停滞/衰退；内部劳动分工的变迁；部分活动外包给其他区域；向轮轴式产业集群演变 | 停滞/衰退（如果大企业停滞/衰退）；升级，内部分工变化，大企业将工序外包给当地企业 | 停滞/衰退；升级，前向和后向工序的整合，提供客户全套产品或服务 |
| 政策干预 | 加强行业协会作用；公共部门和私营部门合营 | 促进大企业之间的合作；商业协会和公共机构增强了中小企业的实力 | 强化人员培训、技术扩散，促进中小企业升级 |

资料来源：曾刚，司月芳. 上海陆家嘴金融产业集群发展研究 [J]. 地域研究与开发，2008，27 (3)：39-43.

## 二、产业集群的形成及其演化

产业集群需要拥有很多条件才能形成和发展。世界著名智库 Nordicity 集团（1997）的研究报告表明，产业集群的形成需要一位或几位雄才大略、充满野心斗志的企业家和管理者，关键企业应在生产、研发等当地事务中扮演重要角色。围绕这些核心企业，形成一批提供智力支持、专业化人才的高等院校、大专院校和科研院所，中介机构，企业孵化器等辅助机构在技术转移、成果转化和知识扩散方面发挥相应作用，而银行等金融机构和地方政策则提供良好的资金和政策支持，久而久之有利于创新的产业氛围和政策环境促使产业集群的形成和发展[1]。喻卫斌和崔海潮（2005）根据中国实际，将产业集群的形成分为市场形成型和计划形成型[2]。市场形成型是一种自下而上的发展机制，它由市场行为经过长时间的作用自发演变形成，根据形成机理和过程又可以分为三种：一是通过本地原有大企业的衍生、分支、改制甚至是解体形成的产业集群，这类产业集群内企业间的关系十分密切，非正式联系和人际关系网络在集群内扮演重要角色；二是由于区域的自增强机制，在原有资源禀赋和制度文化的基础上发展演变而来的；三是来自区域外部的产业转移、大型跨国公司的直接投资、知名企业的分支机构建立形成的。这些大型企业的技术能级高，行业内声望好，经常会吸引原有和新的客户、供应商甚至是同行邻近分布，在短时间内形成产业集群。计划形成型是一种自上而下的政府行为，它根据本地资源基础、发展目标和产业优势，将某行业内域内的企业集中于一片狭小的土地内进行集中管理，即各类开发区。计划形成型产业集群在落后的发展中国家和地区较为常见，其联系内容注重产品联系和经济联系，能在极短的时间内聚集起大量的企业，但在共同信任、创新联系方面较为缺乏，需要政府的强力手段进行管理和扶持。

---

[1] Nordicity Group. Community experiences with information and communications technology-enabled development in Canada [C]. International Development Research Center, Canadian Government, 1997.

[2] 喻卫斌，崔海潮. 产业集群形成与演化机理研究 [J]. 西北大学学报（哲学社会科学版），2005, 35 (3): 113 – 116.

与要素分析不同,演化经济地理学对产业集群形成和演化的研究重视形成过程分析,不注重要素和禀赋形成说。其基本主张围绕技术—制度视角,强调无论是技术的变迁和还是制度的调整都会引起产业集群的变化[1](刘志高等,2011)。一方面,企业形成新的行为惯例和日常规范,或将旧有的行为惯例和日常规范进行传递和扩散都会影响产业集群的形成,而企业适应区域环境的变化该做出的改变,同样也是产业集群形成的重要因素[2][3](Klepper,2001;Boschma and Wenting,2007);另一方面,技术和制度的双重作用促进了区域内的衍生机制和集聚效应,"本地机会的路径窗口"(window of locational opportunity approach)应运而生。新技术起源于通用资产,然后演化为专有资产。一开始新技术只有少量的专有投入,这导致他们发明了自有的投入链条和相关知识,这就是为什么初始区位选择是偶然的:这解释了为什么硅谷发展的是半导体产业,而不是美国东海岸的母产业(广播和电视设备产业)。新产业沉浸于本地自由的美好时光中,即所谓的本地机会窗口。在这段时间内,主体能够逃避过去以创造新的产业区位。新产业往往是技术交叉和产业融合的结果,而现有技术结构(专业化和多样化程度)和区域特有资产决定了新技术产生的可能性[4](王缉慈,2010)。

日本学者伊丹敬之(1998)[5]认为,资源禀赋、技术积累和进步、企业日常惯例和行为制度的改变都会影响产业集群的形成和发展,他认为厘清和明晰内在作用机理才是研究产业集群形成和演化的重中之重。他论述了产业集群的形成演变机理。细致的分工、涉及的技术较为广泛、企业间存在信息共享机制是产业集群形成的首要基础。在技术积累到一定程度时,出现了新兴企业的建立和外部企业的搬入两种作用方式:一方面,企

---

[1] 刘志高,尹贻梅,孙静. 产业集群形成的演化经济地理学研究评述[J]. 地理科学进展,2011,30(6):652-657.

[2] Klepper S. The origin and growth of industry clusters: The making of Silicon Valley and Detroit [J]. Journal of Urban Economics,2010,67(1):15-32.

[3] Boschma R A, Wenting R. The spatial evolution of the British automobile industry: Does location matter? [J]. Industrial & Corporate Change,2007,16(2):213-238.

[4] 王缉慈. 超越集群:中国产业集群的理论探索[M]. 科学出版社,2010.

[5] 伊丹敬之,松岛茂,橘川武郎. 产业集群的本质[M]. 日本东京:有斐阁,1998.

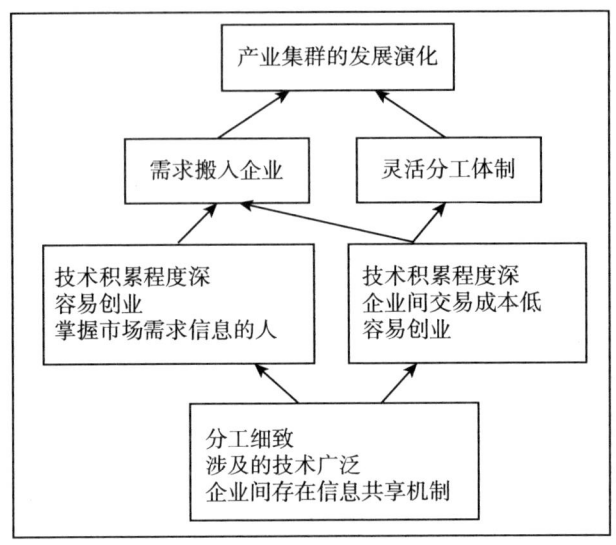

**图3-2 伊丹敬之的产业集群发展模型**

资料来源：李宏舟.对国外产业集群经济效果及其形成机制的综述与评论[J].经济地理，2008（4）：607-611.根据资料修改得到。

业间的交易成本显著下降，区域内的产业氛围也更加包容并适于新企业的诞生，这样一旦有外部市场需求就能够通过集群内部紧密的分工制度实现企业的增长和技术的进步，继而促进产业集群的演化；另一方面，区域内存在掌握市场需求信息的人也会对产业集群外部的企业有所了解，它能够通过自身的关系网络实现外部企业的迁入，在短时间内实现产业集群的形成。

## 第二节 区域创新系统

区域创新系统理论是在国家创新系统理论的基础上提出的。区域创新系统理论认为创新是一个社会化的过程，大量行为主体间的交互作用和影响随着时间的推移日益增强，在同时受到外部刺激源刺激的情况下形成了区域创新系统。技术创新是系统内多个创新主体不断强化联系、建立共同行为准则和日常惯例、形成共同信任的过程，它不只是简单的企业内部研发行为，创新的社会属性不仅包括企业本身，还包括外部其他企业、知识提供者、金融部门和培训部门等的合作关系。主体间的共同学习、技术创新和集体行为，是在特定地域情境下和社会文化背景下形成的，这种行为过程反过来也会塑造当地的社会文化环境。本部分将从区域创新系统的评判标准、基本特征、理论框架、区域创新环境、发展演化等方面进行介绍，强调其与集群创新网络的内在联系。

## 一、基本特征和内涵

在全球化背景下，创新已经成为提高竞争力的关键。尽管全球化和外商投资不断深化，但是大部分企业在关键商业领域仍保持密切的区域和国家层面的联系互动[1][2][3]（Cooke，1997；AsheimandIsaksen，2002；Lundvall，2007）。企业重视水平和垂直网络对集体学习和创新的重要性。另外，在区域层面上存在区域管理结构，区域还存在知识中心、财政机构、产业集群，它会通过创造经济社区的方式支持集群的发展。Cooke（2002）对生物技术产业的研究表明，生物技术产业由研究实验室发展而来，这一行业存在很多的初创企业，它们需要大学技术转移机构、认证机构和风险资本家以及政府机构在制度和区域的产业上的支持。美国的坎布里奇和英国剑桥是两个成功的生物技术集群，其内部存在一系列的互动机制[4]。

区域创新系统包含五个互相联系的概念。第一个概念就是"区域"，区域是一个中观层次的政治单元，它具有某些文化或历史的同质性，但是区域至少也会有一些法定的权利去干涉并支持经济发展，尤其是创新活动。第二个概念就是创新，新熊彼得学派提出了这个广泛的概念，Freeman

---

[1] Cooke P, Uranga M G, Etxebarria G. Regional innovation systems: Institutional and organisational dimensions [J]. Research Policy, 1997, 26 (4): 475 – 491.

[2] Asheim B T, Isaksen A. Regional Innovation Systems: The Integration of Local 'Sticky' and Global 'Ubiquitous' Knowledge [J]. The Journal of Technology Transfer, 2002, 27 (1): 77 – 86.

[3] Lundvall B A. National Innovation Systems: Analytical Concept and Development Tool [J]. Industry and Innovation, 2007, 14 (1): 95 – 119.

[4] Cooke P. Regional Innovation Systems: General Findings and Some New Evidence from Biotechnology Clusters [J]. The Journal of Technology Transfer, 2002, 27 (1): 133 – 145.

和 Lundvall（1988）是这个概念的主要解释人，就产品、过程和组织而言，作为新知识的商业化过程，创新是一个很好的起点，但是创新需要在企业内通过具体的实证研究进行测试①。第三个概念是网络，它被理解为行动者间基于互惠、名誉信任或一般信任和合作的基础上的一系列联系，这些联系连接在一起能够使网络成员致力于共同的利益。在网络内，创新活动之后它可能会带来新项目，网络也会伴随成员的变化和消失而逐渐演化。第四个概念是学习，学习的概念十分重要，尤其是它与组织学习有关，在组织学习中，新水平和新类型的知识、技能和能力被嵌入企业的日常活动和惯例中，老技术就会被抛弃或者遗忘②（Johnson，1992）。第五个概念是互动，从有关创新的正式和非正式的会议以及交流的方式来说，互动是非常关键的，通过互动，企业和相关的网络组织及网络成员可以学习、评论或获得一些具体项目的想法或参与共同的、个人的经济、商业或公共相关的活动。

区域创新系统理论的基础是新区域主义和产业集群。新区域主义的许多学者都一致认为：成熟经济体具有某些共同特征，如集聚经济、制度学习、联合管制、资本邻近和互动创新③④⑤⑥⑦（Grabher，1993；Malmberg and Maskell，1997；Johnson，1992；Amin and Thomas，1996；Crevoisier，1997；Edquist，1997），区域创新系统也具备这些特点。

集聚经济：自马歇尔开始就肯定了单一产业或互补产业企业的空间集

---

① Lundvall B, Freeman C. Small Countries Facing the Technological Revolution [J]. Industry & Higher Education, 1988, 11 (1): 12 - 14.

② Johnson B. Institutional Learning [M]. in B. Lundvall (ed.), National Systems of Innovation: Towards a Theory of Innovation and Interactive Learning, London: Pinter, 1992: 23 - 44.

③ Grabher G. The embedded firm: on the socio-economics of industrial network [M]. London: Routledge, 1993.

④ Malmberg A, Maskell P. Towards an explanation of regional specialization and industry agglomeration [J]. European Planning Studies, 1997, 5: 25 - 42.

⑤ Amin A, Thomas D. The Negotiated Economy: State and Civic Institutions in Denmark [J]. Economy and Society, 1996, 25: 255 - 281.

⑥ Crevoisier O. Financing regional endogenous development: the role of proximity capital in the age of globalization [J]. European Planning Studies, 1997, 5: 407 - 416.

⑦ Edquist C. Introduction: Systems of Innovation Approaches-Their Emergence and Characteristics [M]. in C. Edquist (ed.), Systems of Innovation: Technologies, Institutions and Organizations, London: Pinter, 1997: 1 - 35.

聚优势。Krugman（1997）① 具体介绍了空间集聚的优势：①生产商的空间集聚促进了科专业化供应商的发展，进而促进规模经济效益的产生。②集聚能够产生本地化的技术池，有利于劳动者和企业获取市场机遇。③集聚产生技术溢出效应（集群内的企业类型，这对技术溢出及溢出程度具有重要影响）。从区域创新的视角来看，集聚内的隐性知识交换和专业人员的存在，这些优势能够促进交易成本的降低②③④（Saxenian，1994；Storper and Scott，1995；Malmberg and Maskell，1997）。

制度学习：制度学习与标准、规程、游戏规则和惯例等制度背景有关，借助相关的制度背景能够判定某些活动的合理性，并且容易使成员间产生信任关系。对于企业和支持机构来说，学习其他企业良好的实践活动对自身而言特别重要。制度学习同样适用于那些与企业互动的机构⑤⑥（Argyris and Schon，1978；Sabel，1995），包括管理机构，针对更广的经济绩效、管理机构的发展目标和竞争的目标，管理机构必须通过指导来学习。这种学习既具有全球性也具有地方性。

联合管制：联合管制与结网有关，考虑到其他机构对区域创新的影响，区域治理机制（尤其是区域政府机构）具有互动性和包容性。这就会形成一种组织背景，在这种背景下，区域政府会在公共管治内外促进相关机构间的联合，但是区域政府不会致力于控制某种共识形成的过程，如区域政策调整。这可能会导致政府机构下放或者共享一些与创新有关的权利，伴随一些合法的私人治理机构。

资本邻近：资本邻近可能是硬件或软件、金融资本或人力资本的邻近

---

① Krugman P. Good news from Ireland：ageographical perspective [M]. in A. Gray (ed.), International Perspectives on the Irish Economy, Dublin：Indecon, 1997.

② Saxenian A. Regional Advantage：Culture and Competition in Silicon Valley and Route 128 [M]. Cambridge：Harvard University Press, 1994.

③ Storper M, Scott A. The Wealth of Regions：Market Forces and Policy Imperatives in Local and Global Context [J]. Futures, 1995, 27：505–526.

④ Malmberg A, Maskell P. Towards an explanation of regional specialization and industry agglomeration [J]. European Planning Studies, 1997, 5：25–42.

⑤ Argyris C, Schon D. Organisational Learning：A Theory of Action Perspective [M]. Reading, MA：Addison Wesley, 1978.

⑥ Sabel C. Experimental regionalism and the dilemmas of regional economic policy in Europe [C]. Paris：OECD, 1995.

性，资本主要是涉及与区域创新有关的各类基础设施。Smith（1997）认为基础设施投资与经济绩效有关①。因此，附近存在合适的沟通渠道对产业集聚至关重要。便利的基础设施能够拉近合作主体间的距离。以上都是物质资本，有些学者提到了信任在筹资过程中作用，智力资本也是一种资本邻近②③（Crevoisier，1997；Boschma，2005）。

互动创新：这个概念与国家或区域创新系统都有关系④⑤⑥⑦（Lundvall，1992；Nelson，1993；Freeman，1994；Edquist，1997）。在那些拥有丰富创新设施、存在制度学习的地区，企业拥有大量的机会去接触或检测区域内外产生的知识。并不是所有的创新互动都发生在本地，但是创业型大学的产生和政府、大学、产业之间的"三重螺旋"关系的提升证明了互动创新过程的实际演化。从新区域科学的方法研究区域经济发展，区域研究和创新研究的学者开始彼此互动。有关创新的研究传统主要是在其理论视角（经济）上更具有演化性⑧（Smilor et al.，1993）。新区域科学所研究的内容与演化经济学具有一定兼容性。总结相关的研究成果，我们发现知识转移对创新过程和学习过程都很重要，并且它们都会考虑路径依赖、发展路径以及政策作用和其演化方式等问题。

然而，在全球化和自由贸易的大背景下，由于不同地区的组织和惯例

---

① Smith K. Economic infrastructures and innovation systems [M]. in C. Edquist (ed.), Systems of Innovation, London: Pinter, 1997.

② Crevoisier O. Financing regional endogenous development: the role of proximity capital in the age of globalization [J]. European Planning Studies, 1997, 5: 407 – 416.

③ Boschma R. Editorial: role of proximity in interaction and performance: conceptual and empirical challenges [J]. Regional Studies, 2005, 39 (1): 41 – 45.

④ Lundvall-B. National Systems of Innovation: Towards a Theory of Innovation and Interactive Learning [M]. London: Pinter, 1992.

⑤ Nelson R. National Innovation Systems: A Comparative Analysis [M]. Oxford: Oxford University Press, 1993.

⑥ Freeman C. The economics of technical change [J]. Cambridge Journal of Economics, 1994: 463 – 514.

⑦ Edquist C. Introduction: Systems of Innovation Approaches-Their Emergence and Characteristics [M]. in C. Edquist (ed.), Systems of Innovation: Technologies, Institutions and Organizations, London: Pinter, 1997: 1 – 35.

⑧ Smilor R, Dietrich G, Gibson D. The entrepreneurial university: the role of higher rducation in the United States in technology commercialization and economic development [J]. International Social Science Journal, 1993, 45: 1 – 11.

不同，多维管制关系也会发生变化。基于新区域主义理论特征分析的基础上，库克（Cooke，2002）提出了区域创新系统的一般分析框架①（见图3-3）。他认为，在任何功能性的区域创新系统中都存在两个子系统：其一，知识应用和开发子系统；其二，知识生产和扩散子系统。

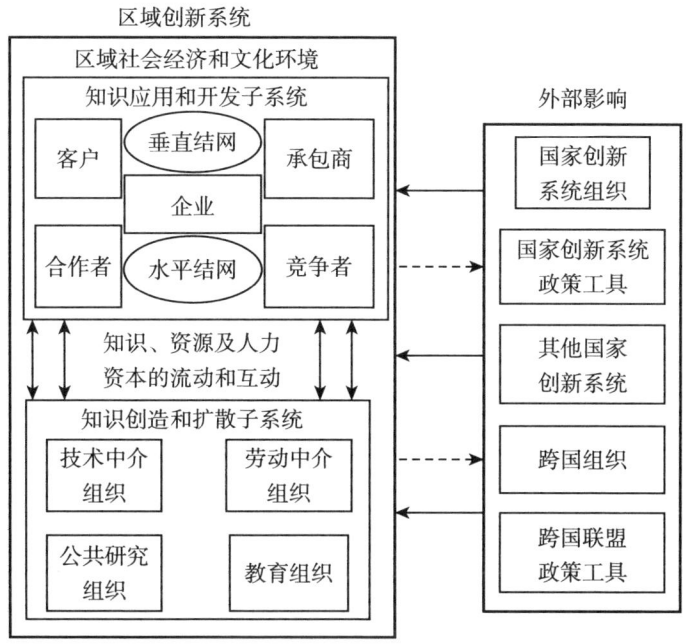

图3-3 区域创新系统分析框架

资料来源：Cooke（2002）.

知识应用和开发子系统主要关注企业，知识生产和扩散子系统主要关注公共组织，如大学、研究机构、知识转移机构、本地管治机构。实际上，两个系统会存在某些重叠部分，尤其当企业具有研发机构时，它们就可以进行知识的生产活动，而大学和研发机构会进行技术的应用活动。知识生产和扩散子系统主要成员仍是企业，尤其是企业为了知识开发而获取商业利润。企业具有水平和垂直网络，水平网络主要是企业与其竞争者之间的网络，垂直网络主要是供应商联系。有些政策致力于建立企业间的水

---

① Cooke P. Regional Innovation Systems: General Findings and Some New Evidence from Biotechnology Clusters [J]. The Journal of Technology Transfer, 2002, 27 (1): 133-145.

平联系，但是有些也致力于建立垂直供应链联系。在知识生产和扩散子系统中有技术中介组织，它们主要是针对职业培训和提供劳动技能进行协调，另外还有劳动中介组织、公共研究机构和教育机构。子系统中的每一个组织都与其他组织、国家创新组织、成员国的国家创新系统以及国际政策、知识生产组织互动，同时也与其他国家进行互动。

库克（2002）同时也指出了这一模型的缺陷。他认为，这个模型抓住了多维治理环境下功能性区域创新系统的主要特征和联系，但是它仅以中性的方式来预测这些联系，实际研究中必须掌握影响程度的多样性和决策权威机构的多样性，并且要掌握知识生产、扩散、应用、开发过程中各种影响因素存在与否以及彼此间关系的强弱程度[①]。

## 二、评判标准和系统类型

那么，是不是所有的区域创新系统都一样？其评判标准是什么？库克（2001）认为，功能完善的区域创新系统很少，区域经济发展绩效显著的区域创新系统同样非常少[②]。拥有复杂区域创新系统的区域，其经济发展水平和社会文化环境通常也会表现突出，它们都是以市场为导向的，这些地区不是那些具有市场"失灵"特征的区域。但是，世界上的多数地区和发达经济体的一些地区，它们都在不同程度上受到市场缺陷的影响。那么，对于这些区域而言，到底应该遵循哪种发展模式？库克提出了区域创新系统发展潜力的组织和制度维度，并将这些标准划分为基础设施性和上层建筑性。

基础设施包含区域性的证券交易所，中小企业可能在本地资本市场中发现机遇。区域政府具有管辖权和竞争力，基于信誉的区域系统（内部的区域管理机构将会参与共同融资或提供贷款保证）将会非常有价值。在当代财政理论中，可靠的"资金邻近性"十分重要，尤其是借贷者互动和开放性互动逐渐成为该理论的重要特征。因此，创新的区域管治需要简化互

---

① Cooke P. Regional Innovation Systems: General Findings and Some New Evidence from Biotechnology Clusters [J]. The Journal of Technology Transfer, 2002, 27 (1): 133 – 145.

② Cooke P. Regional innovation systems, clusters and the knowledge economy [J]. Industrial & Corporate Change, 2001, 10 (4): 945 – 974.

动主体间的互动方式，这将会有助于构建区域合作伙伴间的能力、信誉、信任和可靠性。

然而，区域公共预算对于调动区域创新潜力也很重要。第一，区域可能具有管理分散化开支的能力。在这种情况下，区域是中央政府为特定项目注资的一个渠道。第二，区域具有自主的开支能力。区域能够决定怎样花费中央分配的资金并能决定将资金花在哪里。第三，区域不仅具有征税权还具有自主的开支能力，由于这些能力能够使区域拥有额外的能力去设计一些特殊的政策来支持区域创新。西班牙的巴斯克和苏格兰地区都具有这种能力。很明显，在那些具有区域化的信誉设施和管理机构以及资助的开支或征税权利的地区通常会发现那些推进区域创新系统的最有力基础。

另一个基础设施类问题就是关于区域政府基础设施投资（如交通、通讯的硬件基础设施的投资和大学、研究所、科学园、技术转移中心等的软性基础设施和知识基础设施投资）的控制或影响能力。对于最具战略性的基础设施来说，大部分的地区缺乏预算能力，但是很多地区有能力设计并建设这些基础设施（如果没有的话）或者有能力影响相关基建的最终决定。

上层建筑与区域行为者的心理素质或区域文化有关，它可以划分为制度水平、企业组织水平和管理部门的组织水平。将区域的机构和组织综合起来有助于明确区域嵌入程度。社会群体是基于共同合作、互动和非贸易依赖标准（它们区别于竞争性、个人主义、臂长交换和等级性的标准）而运作的，嵌入性主要是根据社群运作的程度来确定的。通过网络或合作关系更适合于系统创新。人们普遍认为美国企业家具有一种强烈的利己主义特征，但是对于生物科技产业（还有其他的高科产业）来说，内部既存在合作也存在竞争。同样值得注意的是，Saxenian（1994）的研究得出了这个结论：硅谷之所以比波士顿的 128 公路具有更好的长期创新成果，主要是因为硅谷有更好的嵌入性[①]。

因此，那些呈现系统创新特征的地区将会具有更加浓烈的氛围，即"合作文化、联合倾向、学习定向和寻求共识"的氛围，然而那种竞争文化、个人主义、一个"不在这发明"的心态以及纠纷，对于区域层次的非

---

① Saxenian A. Regional Advantage：Culture and Competition in Silicon Valley and Route 128 [M]. Cambridge：Harvard University Press，1994.

系统性、弱互动创新系统来说十分典型。对于企业的组织水平来说,那些更具创新潜力的企业,它们具有可靠的劳动关系、车间合作和工人福利取向,并且它们强调通过一个指导系统促进工人(技能水平)的提升,就创新而言,它们进行外部化交易并加强与其他企业和机构间的知识交换。对于脆弱的系统性企业来说,它们主要有敌对的劳动关系、车间分割、工人提升的"流汗"和"自学"态度等特征。在这种情况下将会出现商业功能的内在化,创新也会受到适应性的限制。对于管理的组织而言,嵌入式地区其内部的组织(在它的政策制定者之间)具有包容性、监督、咨询、委托和结网的倾向,而非嵌入式地区拥有一些组织,这些组织具有排他性、反动性、独裁主义和等级制。

国内外学者从治理结构、商业活动模式、社会根植性、主体和驱动力、区域创新潜力、区域创新壁垒六个方面阐述了区域创新系统的不同类型[①](赵建吉,2011)。库克等(1997)认为,知识竞争是当代经济演化的动力,企业间合作重要性的提高加深了专业化知识与经济效率的发展,同时也使生产和服务的外部性增加,专业化或是"粘性"在空间产业结构中的意义深化,集聚经济为缄默知识交换和区域管理提供了必要的创新支撑[②]。学者们在更多地用区域创新系统的分析框架去构思国家创新系统,区域创新系统是国家创新系统的补充(见表3-4)。

表3-4 不同分类标准下的区域创新系统类型

| 分类依据 | 主要学者 | 类型 | 主要特点 |
| --- | --- | --- | --- |
| 治理结构 | Cooke(1998) | Ⅰ基层型创新系统<br>Ⅱ网络型创新系统<br>Ⅲ统制型创新系统 | Ⅰ技术转移主要在当地,系统协调度及专业技术化水平低。Ⅱ技术转移在多个层面进化系统协调程度高低并存。Ⅲ技术转移受制于政府政策系统协调水平及专业化水平也较高 |

---

① 赵建吉. 全球技术网络及其对地方企业网络演化的影响 [D]. 华东师范大学,2011.
② Cooke P, Uranga M G, Etxebarria G. Regional innovation systems: Institutional and organisational dimensions [J]. Research Policy, 1997, 26 (4): 475–491.

续表

| 分类依据 | 主要学者 | 类型 | 主要特点 |
|---|---|---|---|
| 商业活动模式 | Cooke（1998） | Ⅰ当地型创新系统<br>Ⅱ交互型创新系统<br>Ⅲ全球型创新系统 | Ⅰ大厂商或外资分支机构、公共创新或研发资源少，企业间及企业与政策制定者联系多。Ⅱ大企业与中小企业基本平衡，厂商间及厂商与政策制定者联系较多。Ⅲ跨国公司占支配地位，私有研究机构较多，厂商间及厂商与政策制定者间联系少 |
| 社会根植性 | Asheim and Isaksen（2002） | Ⅰ本地根植区域创新系统<br>Ⅱ区域网络创新性系统<br>Ⅲ区域性国家创新系统 | Ⅰ当地企业创新行为主要基于地理邻近、社会和文化相似激活的本地学习过程。Ⅱ是更本地化的互相学过程，更强大的研发、职业培训等机构。Ⅲ与前两者不同，创新行为多与外部主体合作；合作多建立在线性模型基础上的激进创新合作 |
| 主体和驱动力 | Todtung and Alexander（2002） | Ⅰ企业基础型创新系统<br>Ⅱ科学基础型创新系统<br>Ⅲ政策基础型创新系统 | Ⅰ企业与顾客和供应商的合作最重要，而与大学、科研院所等的关系次之。Ⅱ企业除与顾客、供应商等保持重要联系，与大学、研究机构的合作也很重要。Ⅲ企业除与顾客、供应商等合作外，更多的与技术转移、创新支持等机构保持重要合作 |

续表

| 分类依据 | 主要学者 | 类型 | 主要特点 |
| --- | --- | --- | --- |
| 区域创新潜力 | Cooke 等（2000） | Ⅰ 最大创新潜力创新系统<br>Ⅱ 中等创新潜力创新系统<br>Ⅲ 低级创新潜力创新系统 | Ⅰ 有强大的创新机构，如教育系统、大学研究机构等，同时区域具有较高的自治权。Ⅱ 在各个维度（治理、基础设施和政策等）上对创新支持力度不同。Ⅲ 高科技活动较少，研究与生产脱节，区域对创新的支持度也较低 |
| 区域创新壁垒 | Isaksen（2002） | Ⅰ 低组织性区域创新系统<br>Ⅱ 分散型区域创新系统<br>Ⅲ 封闭型区域创新系统 | Ⅰ 缺乏实现交互式学习的主体，如促进中性或支持创新的机构组织。Ⅱ 未意识到合作的重要性或害怕知识泄露，各主体间缺少合作和相互信任。Ⅲ 各主体间虽存在合作，但与区域外合作很少 |

资料来源：赵建吉（2011）。

当然，表 3-5 所展示的是每个区域当时在创新方面所取得的成功[①][②][③]（Rehfeld，1995；Cooke and Morgan，1994；Johannessen et al.，1997），国家创新系统的创新主动性并不只是通过区域管理架构和区域创新系统来扩散。对于小国家而言（如北欧国家），缺乏区域层面的管理并不能成为小国经济发展的一个障碍。可是在大国中（如中国），战略能力和地方创新

---

① Rehfeld D. Disintegration and reintegration of production clusters in the Ruhr area [M]. In: Cooke, P. (Ed.), The Rise of the Rustbelt. UCL Press, London, 1995.

② Cooke P, Morgan K. The regional innovation system in Baden-Wurttemberg [J]. International Journal of Technology Management, 1994, 9 (3): 394–429.

③ Johannessen J, Jens O D, Bjørn O. Organizing innovation: Integrating knowledge systems [J]. European Planning Studies, 1997, 5 (3): 331–349.

潜力的结合缺乏能够很好地在区域层面表现出来①②（Jussila and Segerstahl，1997；Longhi and Quere，1993）。

表3-5 不同政策层级下的区域创新系统类型

| 政策层级 | 联合型（德国） | 区域型（意大利） | 单一型（挪威） |
|---|---|---|---|
| 国家层面 | 更加严密的环境法则（加入欧盟） | 放弃核研究政策 | 采用区域科技政策 |
| 国家层面 | 产业重组投资（欧盟结构性资金） | 核燃料研究机构（ENEA）增强了基因技术的扩散能力 | 本地企业与国家知识中心紧密联系 |
| 区域层面 | 莱茵河—威斯特伐利亚土地政策资助了环境研究和技术中心，煤炭与钢铁公司发展了环保技术 | 伊米莉亚—罗马尼区域政府建立中小企业创新中心，中心建立在产业区内 | 杰仑（斯塔万格）微弱的区域管理 |
| 本地层面 | 盖尔森基兴城市环保模型项目中的伙伴企业 | 卡普里纺织业中心与ENEA搭档制定专用的CAD-CAM系统 | 杰仑是全球最成功的本地化机器人技术中心 |
| 本地层面 | 本地公司占有大量的环保技术市场份额 | 地方纺织业公司采用该系统并成功恢复了全球竞争力 | 与中央政府少有联系 |

资料来源：Cooke，Uranga and Etxebarria（1997）。

此外，区域创新系统并非能治百病的灵丹妙药，国家或区域存在区域创新系统是否就能够使经济表现得更好尚未可知，其他的因素显然也会干涉。例如，德国北部的莱茵河—威斯特伐利亚拥有一个强大的区域创新系统但是经济表现并不发达，原因是他们畏惧从夕阳产业向朝阳产业转变。艾米丽亚—罗马尼拥有相对较弱的区域创新系统，但是它与欧盟区域经济指标相比表现较好。同时，随着时间推移，区域创新系统会发生显著的变

---

① Jussila H，Segerståhl B. Technology centres as business environments in small cities [J]. European Planning Studies，1997，5（3）：371-383.
② Quéré M. Innovative networks and the technopolis phenomenon：the case of Sophia-Antipolis [J]. Environment and Planning C：Government and Policy，1993，11（3）：317-330.

化，因此很难找出一个标准来判断区域创新系统对经济表现的影响[①][②][③]（Cooke，1998；Braczyk et al.，1997；Edquist，1997）。

## 三、区域创新环境和区域演化

区域创新环境的概念由欧洲创新研究小组（GREMI）于1985年率先提出，它是指在特定的区域内各种与创新相联系的主体要素（产生创新的机构或组织）、非主体要素（创新所需的物质条件）以及协调各要素之间关系的制度及其政策的总和[④]。企业是区域创新体系的核心主体，区域创新环境与企业发展基本上是双向互动的关系。一方面，区域创新环境在不同程度上影响着企业的创新活动；另一方面，企业行为也反作用于区域创新环境。因此，必须立足于企业的需求来建立区域创新环境。

王缉慈（2001）认为，区域创新环境可以通过"自上而下"的政府行为和"自下而上"的企业行为进行塑造和培育[⑤]（见图3-4），前者的主要目的是区域经济的快速发展和提升，它带有明显的强势干预和政策指引痕迹；后者是自发的企业行为，其关注点主要是企业自身的战略发展和经济利益。其中，"自上而下"的政府行为又可以通过两种方式实现：一种是软方式，通过培育区域的创新文化氛围吸引各种各样的人才聚集于此，这种文化包含容忍犯错、尊重知识产权和人才、同行间的密切合作和有益、技术革新精神等；硬方式是通过基础设施建设形成良好的硬件环境条件，建立和吸引包含中介机构、企业孵化器、各大高等专科院校、科研院所、独立研发组织和金融机构等在内的各类组织扎根，为区域内企业创新

---

① Cooke P, Morgan K. The associational economy: firms, regions and innovation [M]. Oxford Univ. Press, Oxford, 1998.

② Braczyk H, Cooke P, Heidenreich M. Regional Innovation Systems [M]. London: UCL Press, 1997.

③ Edquist C. Introduction: Systems of Innovation Approaches-Their Emergence and Characteristics [M]. in C. Edquist (ed.), Systems of Innovation: Technologies, Institutions and Organizations, London: Pinter, 1997: 1-35.

④ Aydalot P. Milieux innovateur en Europe [C]. Paris: Groupe de Recherche European sur les Milieux Innovateurs (GREMI), 1986.

⑤ 王缉慈等. 创新的空间 [M]. 北京大学出版社, 2001.

提供良好的硬件支持。

"自下而上"的企业行为也可以分为引导型和自发型两种方式。前者是企业在政府政策的引导下,将自身发展战略和区域发展事实结合起来,实现区域内部密集结网、正式和非正式交流普遍的区域创新环境;后者是企业根据企业自身的发展战略制定的完全市场经济行为,它们为了最大化获取利益、降低成本、规避风险而做出的决定,但在客观上对区域创新环境的优化和发展却起到了至关重要的促进作用,如企业为改善区域交通体系和环境保护所做出的努力等。

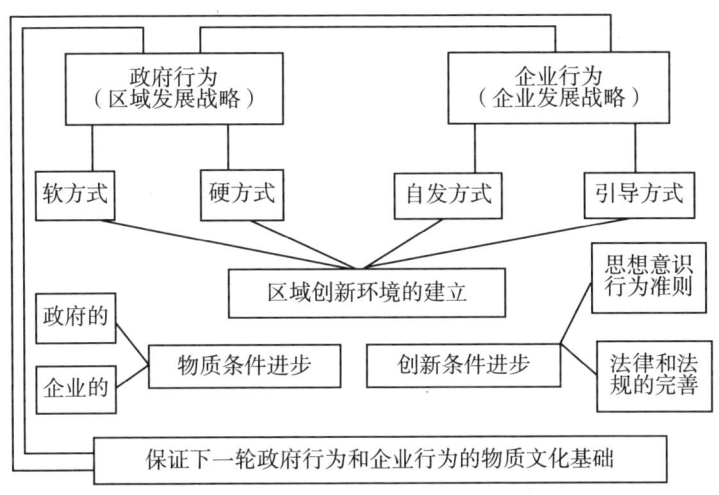

图 3-4 区域创新环境构成方式及其相互作用

资料来源:王缉慈(2001)。

在区域创新环境的作用下,区域及其制度发生演变,主要包含以下两个方面:第一种是区域共享共同的文化、语言和领土,但是并没有成为国家(如巴斯克地区)或者失去了它的地位(如苏格兰),对于已经在一个州/省内发展成为独特的统治结构的地区我们可以称其为"文化区"。第二种可以将其称为"行政区域"。一些权重较弱的变量包括其他通过政策制定与政治能力在某种程度上的区域管理,这些政策制定与政治能力的存在是为了建立区域民主而实行的政府改革的结果(如19世纪70年代的意大利、19世纪80年代的法国和西班牙)。

区域通过政策、文化与经济实力开始沿着不同的轨迹进行演化。这些区域比国家小,但是拥有重要的超越地方的管理能力和凝聚力,这将它们与国家和其他区域区分开来。在拥有的管理能力中,都是些不同程度的发展创新支持政策和组织的能力。从演化角度来看,区域像"民族"一样逐渐地变为了主导。

区域的演变涉及两个过程。第一个是区域化①(Hadjimichalis,1986),这是通过高级别的政治行政主体管理的一个超越地方地域的界限,如省。这可能不会重视先前存在的文化历史,经常是一个分割的统治策略来支撑这个过程,但也可能合并目前存在的实体区域(如德国的巴登—符腾堡地区和意大利的艾米利亚—罗马尼地区)。第二个是区域主义②(Harvie,1994),这是文化区域意图解决行政区所忽视的、低效率的或是歧视的政策而去推动一个新的制度准则(如法语区)。随着这个制度上的准则产生出新的管理架构,它建立了新的规范、惯例和行为,即一个区域的"社会资本"③(Putnam,1993)。已经区域化的地域会积极地建立起自身优势以产生影响,这样就可以为联合的、高度信任的和网络的实践创造新的"社会资本"能力。

区域创新环境的变化使区域变成了一个制度仓库,包含某些商谈的、发展的和共同的社会需要④(Scott,1997)。共同的社会需要是一个更坚固的制度化的过程,不同的区域创新环境可能会形成特有的习俗或者惯例,这些将导致不同种类的组织,甚至是规范准则的建立或加强。总的来说,这种"社会资本"决定了实践行动的形势与方向,由此决定了区域演化的过程⑤(Cooke et al.,1998)。

---

① Hadjimichalis C. Uneven development and regionalism [M]. London: Croom Helm, 1986.
② Harvie C. The rise of regional Europe [J]. London: Routledge, 2005.
③ Putnam R. Making democracy work: civic traditions in modern Italy [M]. Princeton: Princeton Univ. Press, 1993.
④ Scott A. From Silicon Valley to Hollywood: The multimedia industry in California [M]. In: Braczyk, H., Cooke, P., Heidenreich, M. (Eds.), Regional Innovation Systems. UCL Press, London, 1997.
⑤ Cooke P, Uranga M G, Etxebarria G. Regional systems of innovation: an evolutionary perspective [J]. Environment and Planning A, 1998, 30 (9): 1563-1584.

## 第三节

### 全球生产网络

经济全球化的日益深入，使商品、资本、知识、人才、技术、资金在全球范围内快速流动，以跨国公司为主体参与全球竞争和价值链治理已成为当今全球经济的主要组织形式。全球生产网络的研究学派主要包括以经济地理学者 Peter Dicken 为代表的曼彻斯特学派和以管理学者 Dieter Ernst 为代表的夏威夷学派。他们的研究议题主要包括全球生产网络的基本概念、理论框架、网络结构与空间结构、组织架构与技术权力、网络演变及其驱动因子、全球生产网络与地方区域发展的关系、后发国家和地区的价值链升级等内容。

### 一、研究脉络与分析框架

Gereffi 等（2001）最早提出了全球价值链（globalisation value chains，GVC）的概念及其分析框架[1]。他的研究基于价值链的角度分析经济全球化过程，并认为应该把商品和服务贸易看成是一种治理体系。之后，联合国工业发展组织（UNIDO，2002）对全球价值链（GVC）进行了定义："在全球范围内为实现商品或服务价值而连接生产、销售、回收、处理等过程的全球性跨企业网络组织"[2]。Gereffi（1997）根据技术权力和主导企业治理提出了生产者驱动和消费者驱动两种类型的价值链[3]（见表3-6），随后，Gereffi 等（2001）在分析供应链、国际生产网络、全球商品网络、法国链条模式和全球价值链五种类型及其空间尺度的基础上，总结出价值链治理的4个特征：①价值链内的协调可以采取多种形式。基于公平交易的

---

[1] Gereffi G, Humphrey J, Kaplinsky R, et al. Introduction: globalisation, value chains and development [J]. IDS Bulletin, 2001, 32 (3): 1-8.

[2] Unido V E. International practice in technology foresight [C]. 2002.

[3] Gereffi G. The reorganization of production on a world scale: states, markets and networks in the apparel and electronics commodity chains [M]. Regionalization and Labour Market Interdependence in East and Southeast Asia. Palgrave Macmillan UK, 1997.

市场关系进行协调，价值链治理可以存在三种形式：企业间网络、母公司和子公司之间独立而强大的网络、企业间的纵向一体化。②网络中存在强大的主导公司，其权力来源于两个属性：它们的市场力量（可以用市场份额或集中度衡量）和它们在价值链中的位置，这一位置可使它们创造和获取高回报。这两种属性是企业进入价值链的门槛来源。③与市场关系相对的治理结构主要是对两种协调需求的回应。首先，参与供应商产品生产的企业越多，就越有可能发展出协调供应商行为的治理结构。其次，供应商的失败风险越可能影响自身发展，企业就越有可能直接介入和监督供应链的发展。④价值链治理涉及链中企业影响或决定其他公司在链中的活动能力。这种影响可以扩展到供应商生产何种产品（在极端情况下，不仅是直接供应商还有间接供应商），并指定使用何种生产过程和生产标准。行使这种权力需要主导公司控制价值链中的关键资源，决定进入和退出价值链以及监督供应商。它也可能涉及为供应商提供技术支持以使其能够达到所需的性能。价值链会因行使何种强度的治理权力、多少比例的治理权力集中在单一公司手中以及多少比例的主导公司对产业链成员行使治理权力而存在不同。然而，由于忽视区位因素，使其受限于二元论和静态的产业治理概念框架中。

表 3-6　　　　　　　　　　不同类型价值链的对比

| | 生产者驱动 | 消费者驱动 |
| --- | --- | --- |
| 驱动力量 | 产业资本 | 商业资本 |
| 核心竞争力 | 研发与服务 | 设计和市场销售 |
| 进入门槛 | 规模经济 | 范围经济 |
| 产业分类 | 耐用品、中间商品、资本商品等 | 非耐用消费品 |
| 典型产业 | 航空产业、重型机械、钢铁产业等 | 鞋、服装、玩具等 |
| 核心企业 | 跨国公司 | 本地企业 |
| 主要网络联系 | 以投资为基础联系 | 以贸易为基础联系 |
| 网络结构 | 垂直型网络结构 | 水平型网络结构 |

资料来源：Gereffi（1999）。

Gereffi 等 (1999) 以服装行业零售领域的组织形式为例,把价值链应用于全球企业间合作关系的讨论,提出了全球商品链的概念①(globalisation commodity chains, GCC):在经济全球化的背景下,商品的生产过程往往被分解为多个阶段,围绕着某种商品的生产会形成一种跨越国界的生产体系,进而把分布在世界各地不同规模的企业、机构联系在一个网络中形成了全球商品链。与全球价值链一样,全球商品链也可分为购买者驱动型和生产者驱动型两种(见图3-5)。

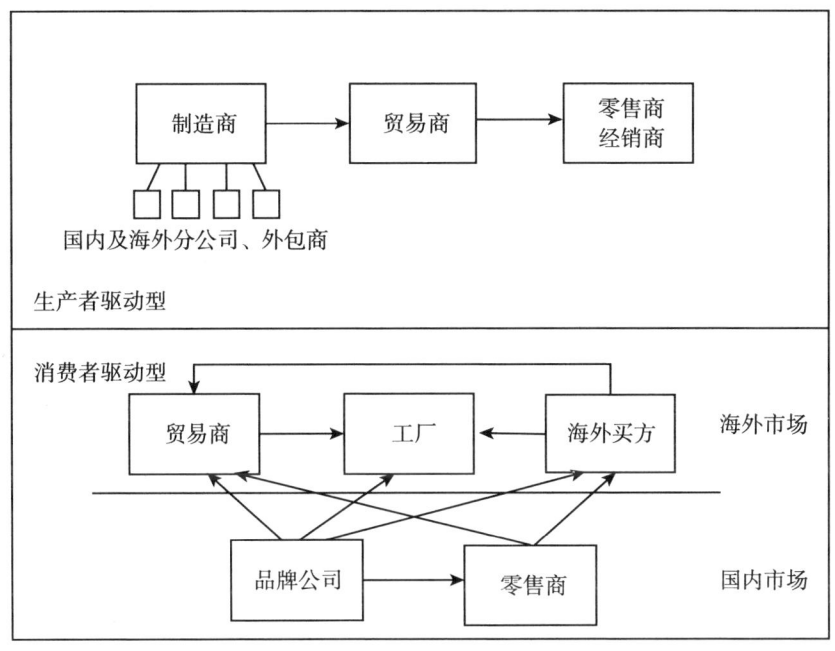

**图 3-5 全球商品链的两种类型**

资料来源:Gereffi (1999)。

全球价值链的分析框架为全球生产网络的提出奠定了基础,研究学派主要有以 Dicken 为代表的曼彻斯特学派和以 Ernst 为代表的夏威夷学派。

---

① Gereffi G. International trade and industrial upgrading in the apparel commodity chain [J]. Journal of International Economics, 1999, 48 (1): 37-70.

曼彻斯特学派的主要观点认为，全球生产网络是企业内部经济活动协调和企业间联系互动的组织配置[1][2][3][4][5]（Dicken et al. 2001；Henderson et al., 2002；Coe et al. 2008；Yeung, 2009；Coe and Yeung, 2015）。前者包括股权投资，表现的组织形式为跨国公司（trans-national corporations, TNCs）；后者不一定包括跨国公司，因为每个跨国公司只能位于自己的国家，并通过全球贸易接触其他经济体。全球生产网络通过经济和非经济手段整合各类企业，企业间的分割关系也逐渐变得不再清晰，全球生产网络将国家和地区也包容入网，这种"自上而下"的组织模式深刻地影响着区域经济的发展[6]（张云伟，2013）。在每个全球性产业（如服装、农业、电子、汽车）中存在不同的生产网络。从初始能源开采到政策制定的一系列过程中，网络涉及大量负责全球生产和服务输入的不同功能的企业。实际上，一些生产服务由于全球生产和服务的中间输入直接或间接地增加了产品30%的价值；反过来，这些服务也通过全球生产网络实现自组织（如在金融、广告、物流和零售行业）。

当位于不同国家或经济体的企业实现了这些生产功能时，即可认为存在全球生产网络。在全球贸易和世界经济中，这种企业在全球生产的不同阶段的垂直专业化被称为"生产破碎化"[7]（Arndt and Kierzkowski, 2001）

---

[1] Dicken P, Kelly P, Olds K, Yeung H W C. Chains and networks, territories and scales: Towards an analytical framework for the global economy [J]. Global Networks, 2001, 1: 89 – 112.

[2] Henderson J, Dicken P, Hess M, Coe N M, Yeung H W C. Global production networks and the analysis of economic development [J]. Review of International Political Economy, 2002, 9: 436 – 464.

[3] Coe N M, Dicken P, Hess M. Global production networks: Realizing the potential [J]. Journal of Economic Geography, 2008, 8: 271 – 295.

[4] Yeung W C. Transnational Corporations, Global Production Networks, and Urban and Regional Development: A Geographer's Perspective on Multinational Enterprises and the Global Economy [J]. Growth and Change, 2009, 40 (2): 197 – 226.

[5] Coe N M, Yeung W C. Global Production Networks 2.0 [M]. Global Production Networks, 2015.

[6] 张云伟. 跨界产业集群之间合作网络研究 [D]. 华东师范大学, 2013.

[7] Arndt S W, Kierzkowski H. Fragmentation: New Production Patterns in World Economy [J]. Oup Catalogue, 2001, 92 (17): 171 – 191.

和"任务贸易"①②③（Grossman and Helpman，2002；Antràs and Helpman，2004；Grossman and Rossi-Hansberg，2008）。基于世界贸易数据，价值链和全球生产网络的分析关注经济功能的国际外包。在国际经济中，通过不同的价值增值和专业化活动过程，促使国家嵌入全球价值链成为世界经济行为体，国家经济也会更有效率④⑤⑥（Elms and Low，2013；Milberg and Winkler，2013；UNCTAD，2013）。GPN1.0提出了价值、嵌入、权力三个概念，但缺乏对全球生产网络因果机制的论述，也缺乏对全球生产网络中动态配置的研究，这个方法论在理解区域发展的动力方面并不是很有用⑦（Yeung，2014）。

曼彻斯特学派全球生产网络分析框架如图3-6所示。

全球经济在过去二十年的迅速而深刻的发展给全球生产网络理论带来了重大挑战。社会科学的分析重点从国家和经济体之间的终端产品贸易转向从事这些商品和服务的跨境增值活动的企业的全球链/网络的密切协调，特别缺乏对全球经济快速变化的情况下企业如何采用不同的策略以应对竞争变化和风险环境的研究⑧（Yeung and Coe，2015）。在这样的背景下，Yeung和Coe（2015）提出了全球生产网络2.0的理论框架，它更加关注企业进出网络及网络本身的动态变化和结构配置（见图3-7）。

---

① Grossman G M, Helpman E. Outsourcing versus FDI in Industry Equilibrium [C]. Princeton University, Woodrow Wilson School of Public and International Affairs, Discussion Papers in Economics. 2002：317－327.

② Antràs P, Helpman E. Global Sourcing [J]. Cepr Discussion Papers, 2004, 112 (3)：552－580.

③ Grossman G M, Rossi-Hansberg E. Trading Tasks：A Simple Model of Offshoring [J]. American Economic Review, 2008, 98 (5)：1978－1997.

④ Elms DK, Low P. Global value chains in a changing world [M]. Geneva：World Trade Organization, 2013.

⑤ Milberg W, Winkler D. Outsourcing Economics [M]. Cambridge：University Press, 2013.

⑥ UNCTAD. World investment report 2013. Global value chains：Investment and trade for development [C]. United Nations, New York, 2013.

⑦ Yeung HW－C. Governing the market in a globalizing era：Developmental states, global production networks, and inter-firm dynamics in East Asia [J]. Review of International Political Economy, 2014, 21：70－101.

⑧ Yeung W C, Coe N. Toward a Dynamic Theory of Global Production Networks [J]. Economic Geography, 2015, 91 (1)：29－58.

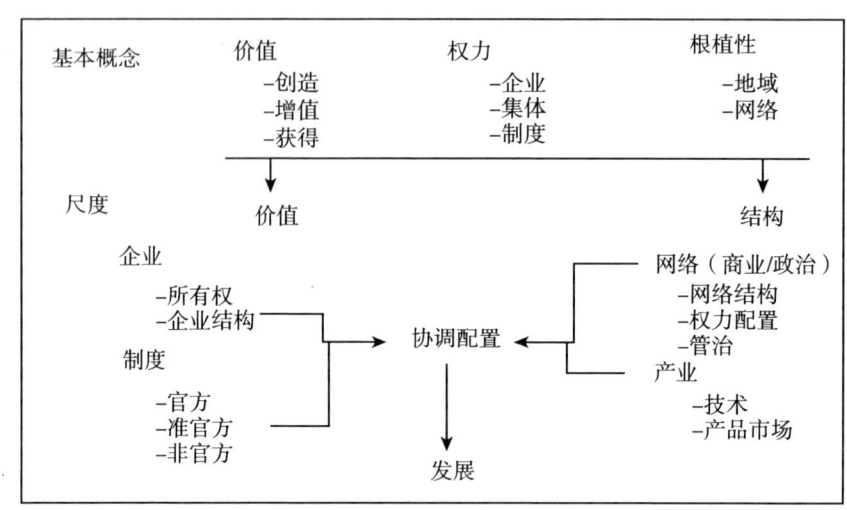

**图3-6 曼彻斯特学派全球生产网络分析框架**

资料来源：Henderson et al. (2002).

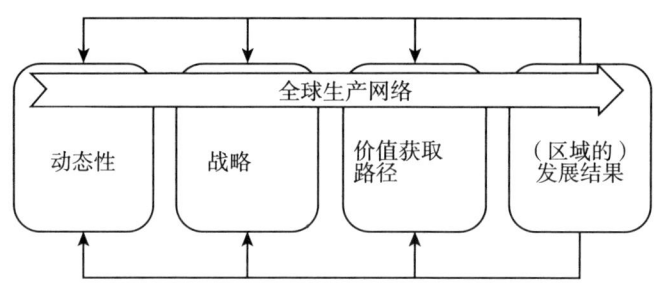

**图3-7 全球生产网络2.0的理论框架**

资料来源：Coe and Yeung (2015).

全球生产网络夏威夷学派代表人物，管理学者Dieter Ernst于2002年也提出了全球生产网络的分析框架（见图3-8）。在他提出的分析框架中，全球生产网络由旗舰企业及其子公司、附属工厂、合作企业、承包商、供应商、服务商以及战略联盟合作者，驱动力主要包括自由化、信息技术和竞争。其中，自由化包括贸易自由化、资本自由化、FDI自由化和私有自由化。Dieter Ernst认为这些网络的主要目的为旗舰企业迅速提供低价资源和知识以保持其竞争力，网络中的企业只存在旗舰企业和本地供应商两种主体要素①②（Ernst，2002；Ernst and Kim，2002）。

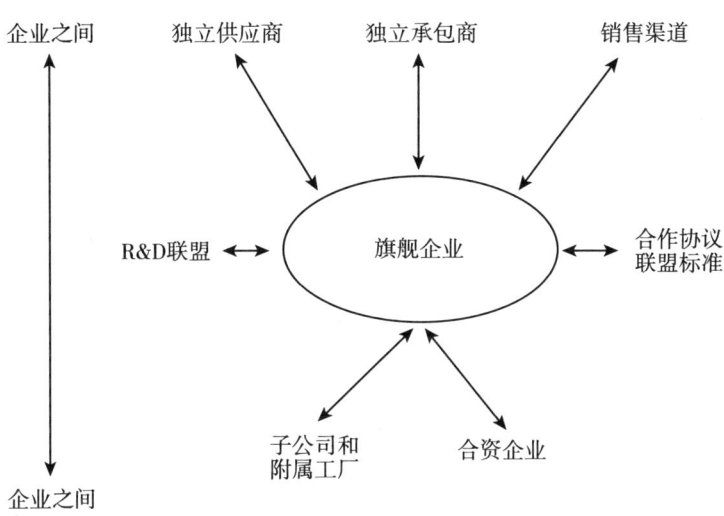

图 3-8　Ernst 全球生产网络理论框架

资料来源：Ernst and Kim（2002）.

显然，夏威夷学派提出的全球生产网络重点关注旗舰企业的全球联系，强调旗舰企业的网络权力和绝对统治地位，忽视区域在全球生产网络中的能动性和主动升级过程。而曼彻斯特学派比较注重地方社会、文化和制度对全球生产网络的影响，也较为关注落后地区地方产业升级和嵌入全球生产网络等议题。前者带有"自上而下"式的网络统治色彩，而后者将全球和地方看作一个整体，强调全球地方的战略耦合和网络动态演变。

# 二、全球生产网络与区域发展

政府和社会机构的生产性资产通过区域动态变化产生了独特的区域经

---

① Emst D. Asia's 'Upgrading through innovation' strategies and global innovation networks: an extension of Sanjayalall's research agenda [J]. Transnational Corporations，2008，17（3）：31-57.
② Emst D，Kim L. Global production networks, knowledge diffusion and local capability formation [J]. Research Policy，2002，31（8）：1417-1429.

济结构,它们一起重构了"区域财富"①(Amin,1999)和"文化认同"②③④(Scott,1998;Scott,2012;Christopherson and Clark,2007)。这些区域的组织和资产具有历史和地理的特性,不会在短时间内被轻易复制和转换。换句话说,虽然不能决定区域发展的轨迹,但这些机构和资产在某种程度上是有共同的路径依赖的。

全球生产网络受地方甚至国家主体的控制是很少的。相反,它们主要是由全球领先企业、战略合作伙伴、专业供应商、产业和最终客户等经济行为体构成。当一些大型跨国公司嵌入特定的国家或区域经济中时,一些国家或本地企业大多因为竞争、寻求成本效率、市场进入和发展、金融化和资本收益等原因,会依托全球生产网络实现风险最小化⑤(Yeung and Coe,2015)。由于全球生产网络的存在,这些产业和企业不一定需要与本地或者国家经济中的主体进行合作。因此,全球生产网络的动态变化本质上与区域动态变化不同。在全球范围内或宏观区域范围内,通常是领先企业或大型跨国公司协调多行业和跨区域的网络结构和网络治理。区域经济想要从全球产业的变动中受益,其区域性资产必须通过战略耦合的变动嵌入全球生产网络中。这种战略耦合是地方经济和全球生产网络中各自行为主体为实现共同获利而进行的有目的的结合⑥(Yeung,2014)。

面对现实环境变化和学者们的质疑,曼彻斯特学派学者开始反思全球生产网络1.0(见图3-9),他们认为战略耦合过程不是自发进行的,也不是总能成功的,它会因时间推移和地区差异而产生变化,因此需要动态

---

① Amin A. An institutionalist perspective on regional economic development [J]. International Journal of Urban and Regional Research,1999,23:365 – 378.

② Scott AJ. Regions and the world economy:The coming shape of global production,competition and political order [M]. Oxford:Oxford University Press,1998.

③ Scott AJ. A world In emergence:Cities and regions in the 21st century [M]. Cheltenham:Edward Elgar,2012.

④ Christopherson S,Clark J. Remaking regional economies:Power,labor,and firm strategies in the knowledge economy [M]. London:Routledge,2007.

⑤ Yeung W C,Coe N. Toward a Dynamic Theory of Global Production Networks [J]. Economic Geography,2015,91(1):29 – 58.

⑥ Yeung HW – C. Governing the market in a globalizing era:Developmental states,global production networks,and inter-firm dynamics in East Asia [J]. Review of International Political Economy,2014,21:70 – 101.

地看待[1]（Coe et al.，2008）。耦合支持和技术变化可能在地理上呈现高度的不均匀分布。在区域发展中，战略耦合包括耦合、解耦、重构等各种可能性[2][3]（MacKinnon，2012；Coe and Yeung，2015）。战略耦合的过程依赖于区域内主体和全球生产网络中关键主体的竞争与合作，也依赖于区域主体改造区域资产以保持区域发展轨迹和竞争力的持续努力[4][5]（Yeung，2010，2014）。基于此，Yeung（2014）以东亚国家和经济体动态融入全球生产网为例总结出三种战略耦合模式：国际合作/功能联结、自主创新/组织联结和生产平台/结构联结，每种战略耦合模式对应了不同的区域发展路径（见表3-7）。

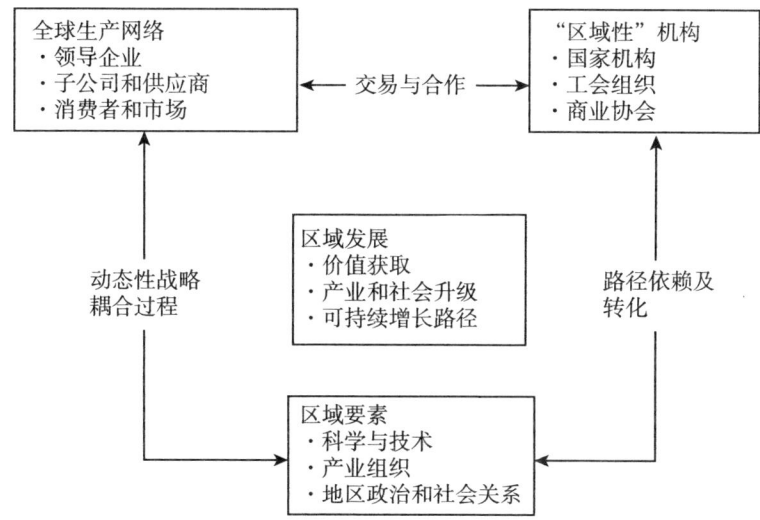

**图3-9　全球生产网络中1.0中的区域发展与战略耦合**

资料来源：Coe et al.（2004）.

---

[1] Coe NM, Hess M, Dicken P. Theme issue on global production networks: Debates and challenges [J]. Journal of Economic Geography, 2008, 8: 267-440.

[2] MacKinnon D. Beyond strategic coupling: reassessing the firm-region nexus in global production networks [J]. Journal of Economic Geography, 2012, 12: 227-245.

[3] Coe N M, Yeung W C. Global Production Networks 2.0 [M]. Global Production Networks. 2015.

[4] Yeung HW-C. Globalizing regional development in East Asia: Production networks, clusters, and entrepreneurship [M]. London: Routledge, 2010.

[5] Yeung HW-C. Governing the market in a globalizing era: Developmental states, global production networks, and inter-firm dynamics in East Asia [J]. Review of International Political Economy, 2014, 21: 70-101.

表3-7 战略联结、全球生产网络和区域发展路径

| | 国际合作（功能联结） | 自主创新（组织联结） | 生产平台（结构联结） |
|---|---|---|---|
| GPN变化 | | | |
| • 空间锁定 | 成本控制能力 | 公共补助 | 较低的生产成本 |
| • 组织锁定 | 垂直专业化 | 新领导企业的成长和新竞争 | 国际外包和分包 |
| • 技术锁定 | 更快地进入市场 | 新产品和技术进步 | 通讯技术的进步 |
| 联结机制 | | | |
| • 跨国社区 | 事务联系、商界精英和市场知识 | 人才回流 | 管理能力和中介机构 |
| • 产业组织 | 战略伙伴崛起和跨国公司全球范围的本地化 | 本国领先企业和新领导企业的崛起 | 中小企业和新产业空间 |
| • 国家和制度 | 目标明确，政策引导：劳动力、技术和基础设施升级 | 内隐和外显作用：战略性的产业政策 | 目标明确但影响有限：基于财政和金融政策 |
| 区域发展路径 | 区域特有资产和一定程度的区域自治 | 区域特有资产和高度自主 | 区域一般资产和外部依赖 |
| 分离的可能性 | 中 | 低 | 高 |
| 东亚区域案例 | 新加坡和中国台北—新竹地区 | 首尔都市区，中国台北—新竹，新加坡，中国长三角和珠三角地区 | 槟榔屿和雪兰莪地区，大曼谷地区，长三角和珠三角地区 |
| 相关产业 | 电子、石化、金融、运输和物流 | 电子、汽车、交通和通讯 | 电子、汽车、服装和玩具 |

资料来源：Yeung (2014).

全球生产网络和区域发展之间的战略耦合为后发国家和经济体带来了前所未有的快速工业化和经济发展，这背后是其高度的出口导向性和国内市场的快速发展。但是，在面对全球经济发展过程中存在的各种不同类型的风险和不确定因素（见表3-8），全球生产网络嵌入区域经济发展的过程中并不能保证正向产出，即使它提供或增强了本地的价值获取机会。换句话说，尽管全球生产网络中的区域联结通常会产生显著的经济效益，但

在许多情况下也会因资源不均衡分布和现有文化、社会和经济网络的崩塌使区域内部发生断裂①（Coe and Hess，2011）。这些区域发展模式及其联结变化可能掩盖了网络中重要的权力不对称以及区域和全球主体间的合作关系，这种不对称性可能导致区域经济产生显著的负向结果②（Coe and Hess，2011；MacKinnon，2012）。

表3-8　　　　　　　　全球生产网络中不同种类的风险

| 形式 | 属性 | 行动者的偶然因素 | 近期的案例 |
| --- | --- | --- | --- |
| 经济风险 | 市场中的制度转向——新技术和创新，需求变化，金融破坏、汇率浮动等等 | 丧失成本优势或市场主导地位；利润或金融效益减少；收入减少和本地和区域的结构变化 | 加拿大 RIM（BlackBerry）和芬兰诺基亚在2013年智能手机市场中的衰退 |
| 产品风险 | 质量、安全性、品牌化、兼顾效率 | 消费者和客户对于产品和服务的负面评价；对企业社会责任的高要求 | Arthur Anderson LLP 在2002年的破产，由于其参与安然事件；Toyota 在2009年11月美国油门踏板的质量问题 |
| 监管风险 | 政治的、公共到私人的管治，改变标准和规范 | 全球生产、现存的产业实践和组织安排的终止 | EU 严格的转基因的监管，从2003年对转基因种植者的影响 |
| 劳动力风险 | 工作条件和就业实践的争议 | 罢工和劳动行动；全球生产和就业前景的破坏；更大的潜在性的信誉风险 | 2012年富士康罢工行为，苹果手机的工人要求更好的待遇和工作条件 |
| 环境危险 | 自然灾害和人为破坏 | 强调四种形式的风险和其因果效应 | 2011年日本福岛地震和汽车制造停产由于零件缺失 |

资料来源：Coe N M，Yeung W C. Global Production Networks 2.0 [M]. Global Production Networks. 2015.

---

① Coe NM, Hess M. Local and regional development: A global production network approach [M]. In: Pike A, Rodríguez-Pose A, Tomaney J (eds) Handbook of local and regional development. London: Routledge, 2011.

② MacKinnon D. Beyond strategic coupling: reassessing the firm-region nexus in global production networks [J]. Journal of Economic Geography, 2012, 12: 227-245.

表 3-9　　　　　全球生产网络战略联结的潜在负面后果

| | 全球生产网络与区域之间 | 区域与区域之间 |
|---|---|---|
| 决裂<br>(Ruptures) | • 资本外流<br>• 外企退出<br>• 国际市场的进入限制<br>• 金融危机和其他危机 | • 本地企业的挤出<br>• 本地联系的减少或转移<br>• 政策排斥<br>• 驱逐和恶性竞争 |
| 摩擦<br>(Frictions) | • 不平等的价值获取<br>• 技术、知识等无形资产的泄露<br>• 外部路径依赖和区域锁定<br>• 劳动力剥削<br>• 文化冲突 | • 不平等的资源配置<br>• 社会和阶级冲突<br>• 性别歧视<br>• 环境破坏 |

资料来源：Coe and Hess (2011)、Yeung (2014).

# 本章小结

基于经济地理学视角，本章从产业集群理论、区域创新系统理论、全球生产网络理论等出发，分析了集群创新网络的理论基础。在本地化和全球化共同作用的影响下，集群创新网络在形成和演变过程中存在多尺度耦合效应。特别地，对于封闭型创新网络而言，经济地理学者不仅要从管理学的网络结构和社会资本理论视角去审视，更应考虑在封闭型网络中地理空间的特征和作用。

# 第四章

# 石油装备制造业的主要特征与格局

经济发展离不开能源。从世界各国发展过程来看，GDP增长与能源消费增长基本同步，我国也不例外。按照国家统计局数据，在2003~2013年的10年中，我国GDP平均年增长10.2%，能源消费总量年平均增长7.5%，能源增量是GDP增量的3/4左右，与非经合组织2013年的能源与GDP增量比基本相同。但2013年受能源投资放缓、煤炭价格低迷的影响，我国能源消费总量增量（3.7%）与GDP增量（7.7%）之比（约为48%）有所下降。自2010年我国超越美国成为世界第一大能源消费国以来，我国的能源需求呈现快速增长之势。据国际能源署（IEA）预计，2035年我国能源需求将达40.6亿吨油当量，将是美国能源需求22.4亿吨油当量的1.8倍；2012~2035年非经合组织和亚洲能源需求的增长份额将占全球的65%以上。可见，作为提供能源勘探、钻采、收集和传输服务的石油装备行业，在各国和地区的国民经济和社会发展中占据着不可动摇的地位。

## 第一节 世界石油工业企业发展概况

国际上通常将石油工业公司分为三类：石油公司、油田服务公司和装备制造公司。其中，石油公司为确保国家油气供应而开展国内外油气勘探开发系列活动，并进行油气产品的生产和销售；油田服务公司受石油公司委托或与之合作开发油气资源，通常涉及 31 项服务，具体包括物探、钻完井、测录试、油田生产和油田建设 5 大板块；油气装备制造公司主要为油田服务商和部分油公司提供技术装备和服务。一般来说，石油公司为最大限度地开采区块内的油气资源，会优先选择竞争中胜出的最优的油田服务商和装备制造商为其提供油气勘探开发服务和设备。油田服务商在接受油公司的委托后，通过竞争形式寻找最优的装备制造商为其提供性价比最高的技术装备。这三类公司的界限不是非常明确的，特别是我国巨型石油公司全部为国家控股，垄断性强，它们既是石油公司，又是油田服务公司和装备制造公司。

## 一、世界石油公司发展情况

在世界石油工业发展中产生重要影响的主要是跨越全球范围进行生产组织的石油公司和大型国家石油公司。特别是在发展中国家和工业化国家中，石油公司以国家石油公司为主。根据美国《石油情报周刊》2013 年 12 月数据，2013 年世界主要石油公司综合排名中，沙特阿拉伯国家石油公司（Saudi Aramco）、伊朗国家石油公司（NIOC）和美国埃克森美孚公司（Exxon Mobil）列前 3 位，中石油继续保持在第 4 位，中石化从 2012 年的第 21 位升至第 19 位，中海油从 2012 年的第 33 位升至第 32 位（见表 4-1）。

表 4-1　　　　　　　　2013 年世界主要石油公司排名

| 排名 | 公司名称 | 国有比例（%） | 石油产量（万桶/天） | 油品销量（万桶/天） | 炼油能力（万桶/天） |
|---|---|---|---|---|---|
| 1 | 沙特阿拉伯国家石油公司（Saudi Aramco） | 100 | 998.8 | 315.8 | 240.2 |
| 2 | 伊朗国家石油公司（NIOC） | 100 | 368.0 | 242.7 | 168.1 |
| 3 | 美国埃克森美孚公司（Exxon Mobil） | — | 218.5 | 617.4 | 537.5 |
| 4 | 中国石油天然气集团公司（NPC） | 100 | 305.0 | 234.2 | 442.1 |
| 5 | 委内瑞拉国家石油公司（PDV） | 100 | 290.5 | 218.2 | 282.2 |
| 6 | 英国石油公司（BP） | — | 205.6 | 565.7 | 268.1 |
| 7 | 荷兰皇家壳牌集团（Royal Dutch Shell） | — | 163.3 | 623.5 | 336.0 |

续表

| 排名 | 公司名称 | 国有比例(%) | 石油产量(万桶/天) | 油品销量(万桶/天) | 炼油能力(万桶/天) |
|---|---|---|---|---|---|
| 8 | 俄罗斯天然气工业公司（Gazprom） | 50 | 93.0 | 101.8 | 128.7 |
| 9 | 美国雪佛龙公司（Chevron） | — | 176.4 | 276.5 | 195.3 |
| 10 | 法国道达尔公司（Total） | — | 122.0 | 340.3 | 204.8 |
| 19 | 中国石油化工股份有限公司（SINOPEC） | 75 | 89.9 | 354.8 | 523.9 |
| 32 | 中国海洋石油总公司（CNOOC） | 100 | 104.1 | 28.7 | 24.0 |

资料来源：《中国石油石化设备工业年鉴2014》。

在美国《财富》杂志2013年公布的全球"500强"企业名单中，总共有54家石油公司进入榜单，其中有11家石油公司进入了前100名。中石化、中石油分列第4和第5位，中海油排在第93位。若按54家石油公司（含炼油）的营业收入排名，中石化、中石油和中海油分列第2、第3和第20位；在前10家石油公司中，欧洲有5家，美国有3家，中国有2家（见表4-2）。

表4-2　2013年全球"500强"企业中的主要石油公司排名

| 石油公司排名 | 500强排名 | 公司名称 | 营业收入(亿美元) | 利润总额(亿美元) | 所属国家 |
|---|---|---|---|---|---|
| 1 | 1 | 荷兰皇家壳牌集团（Royal Dutch Shell） | 4595.990 | 163.710 | 荷兰 |
| 2 | 4 | 中国石油化工股份有限公司（SINOPEC） | 4572.011 | 89.321 | 中国 |
| 3 | 5 | 中国石油天然气集团公司（NPC） | 4320.077 | 185.048 | 中国 |
| 4 | 3 | 美国埃克森美孚公司（Exxon Mobil） | 4076.660 | 325.800 | 美国 |
| 5 | 6 | 英国石油公司（BP） | 3962.170 | 234.510 | 英国 |
| 6 | 10 | 法国道达尔公司（Total） | 2278.827 | 112.046 | 法国 |
| 7 | 11 | 美国雪佛龙公司（Chevron） | 2203.560 | 214.230 | 美国 |
| 8 | 21 | 俄罗斯天然气工业公司（Gazprom） | 1650.167 | 357.694 | 俄罗斯 |
| 9 | 16 | 菲利普斯66公司（Phillips 66） | 1611.750 | 37.260 | 美国 |
| 10 | 17 | 埃尼石油公司（ENI） | 1541.087 | 68.502 | 意大利 |
| 20 | 93 | 中国海洋石油总公司（CNOOC） | 959.715 | 77.008 | 中国 |

资料来源：《中国石油石化设备工业年鉴2014》。

## 二、世界油田服务公司发展情况

油田服务公司主要提供地球物理、地质、钻井、油藏工程、生产管理、经济评价、信息管理等各领域软件、开发系统、工具以及涵盖整个勘探开发的信息管理解决方案。国际油田服务业经历了四个阶段。第一阶段是1859~1910年,这一阶段的两端涉及石油工业的诞生和油田服务业的初步形成;第二阶段是1920~1950年,世界油田服务业迅速发展并形成比较完整的体系;第三阶段是1960~1980年,世界油田服务业进入了一个新的大发展时期;第四阶段从1990年开始至今,世界油田服务市场空前扩大,油田服务业进入大的重组和调整阶段。

目前,全球最大的4家油田综合技术服务商是美国哈里伯顿公司、法国斯伦贝谢公司、瑞士威德福国际公司和美国贝克休斯公司。表4-3列出了2010年和2013年世界四大油服公司的主要年报数据。4家企业总收入从2010年的692.8亿美元增长到2013年的1123.97亿美元,增长62.2%;净收入从2010年的67.02亿美元增长到2013年的96.15亿美元,增长43.5%;年均利润率在8%以上,其中法国斯伦贝谢公司年均利润率超过13%。

表4-3　　　　2010年和2013年世界四大油服公司主要数据　　　单位:亿美元

| 年份 | 主要经济指标 | 法国斯伦贝谢 | 美国哈里伯顿 | 美国贝克休斯 | 瑞士威德福国际 | 合计 |
|---|---|---|---|---|---|---|
| 2010 | 总资产 | 517.67 | 182.97 | 229.86 | 191.99 | 1122.49 |
| | 总收入 | 266.72 | 179.73 | 144.14 | 102.21 | 692.80 |
| | 净收入 | 42.65 | 18.35 | 8.19 | -2.17 | 67.02 |
| | 利润率(%) | 15.99 | 10.21 | 5.68 | -2.12 | 9.67 |
| 2013 | 总资产 | 671.00 | 292.23 | 279.34 | 219.77 | 1462.34 |
| | 总收入 | 453.68 | 294.02 | 223.64 | 152.63 | 1123.97 |
| | 净收入 | 67.32 | 21.25 | 11.03 | -3.45 | 96.15 |
| | 利润率(%) | 14.84 | 7.23 | 4.93 | -2.26 | 8.55 |

资料来源:《中国石油石化设备工业年鉴2014》。

其一,斯伦贝谢公司总部位于法国巴黎,其业务覆盖油气勘探、钻井及生产过程中的各项数据产品和服务,提供整体解决方案,是服务占比最高的公司（80%以上），在全球约80个国家雇用了11.8万名员工。斯伦贝谢公司2013年的总收入为453.68亿美元，等同于我国石油钻采行业规模以上企业的主营业务收入之和，其净收入67.32亿美元，是我国石油钻采行业净收入之和的2.11倍。其二，哈里伯顿公司总部位于阿联酋迪拜，在全球80多个国家拥有7.2万余名员工。公司服务于油气藏产业的上游，业务覆盖地理数据收集、钻井、地层评价、完井、生产优化等领域。其三，贝克休斯总部公司位于美国休斯敦，在约90个国家雇用了5.88万名员工，通过其下设的7家油田服务公司，提供钻井、完井和油气井生产的各类产品和服务。其四，威德福国际公司总部位于瑞士，现有雇员6万余名，是一家经营油田服务及设备的大型跨国企业。拥有国际领先的欠平衡钻井、下管柱服务、井筒再进入、专利钻井工具、膨胀防砂管、传感控制、人工举升优化及螺杆泵等技术。

## 三、世界石油装备制造业发展情况

按照油气开采流程，石油装备主要包括勘探装备、钻井装备、录井装备、测井装备、完井（固井、射孔和压裂酸化）装备、采油采气装备、油气集输装备及其相关配件和工具等，涵盖油田综合服务以外的海陆工程建设、装备制造、钻井、石油管材、油田建设等领域。世界知名油气钻采装备制造公司主要有美国国民油井华高公司（石油装备）、意大利萨伊博姆公司和法国德西尼布公司（海上钻井装备）、卢森堡泰纳瑞斯公司（管道）、美国卡麦龙公司（流体设备）、瑞士越洋钻探公司（近海钻探装备）、美国拉夫金公司（采油设备）等。2013年世界主要石油装备制造企业发展情况见表4-4。

表4-4　　2013年世界主要石油装备制造企业年报数据　　单位：亿美元

| 公司名称 | 总资产 | 销售收入 | 总部城市 | 尖端产品 |
| --- | --- | --- | --- | --- |
| 美国国民油井华高公司（NOV） | 348.12 | 227.67 | 休斯敦 | 陆地钻井设备 |
| 意大利萨伊博姆公司（Saipem） | 234.48 | 171.05 | 罗马 | 陆地钻井设备 |
| 法国德西尼布公司（Technip） | 182.31 | 128.44 | 巴黎 | 海上钻井设备 |
| 卢森堡泰纳瑞斯公司（Tenaris） | 159.31 | 105.97 | 卢森堡 | 无缝钢管 |

续表

| 公司名称 | 总资产 | 销售收入 | 总部城市 | 尖端产品 |
|---|---|---|---|---|
| 美国卡麦龙公司（Cameron） | 142.49 | 98.38 | 休斯敦 | 控制系统 |
| 瑞士越洋钻探公司（Transocean） | 325.46 | 94.84 | 斯坦豪森 | 近海钻探设备 |
| 美国凯洛格布朗路特公司（KBR） | 60.00* | 72.59* | 休斯敦 | 石油管道 |
| 挪威阿克公司（Aker Solutions） | 81.72 | 72.80 | 奥斯陆 | 海上钻井设备 |
| 美国雷博斯公司（Nabors） | 121.60 | 61.52 | 休斯敦 | 陆地钻井设备 |
| 美国富美实公司（FMC） | 52.35 | 38.75 | 洛杉矶 | 陆地钻井设备 |
| 美国拉夫金公司（Lufkin） | 18.77* | 17.61* | 拉夫金 | 油田电力设备 |

注：带*的数据为推测值。
资料来源：《中国石油石化设备工业年鉴2014》。

从全球石油装备制造业产业基地和研发中心的分布来看，产业基地多集中于美国、欧洲、东亚和东南亚地区，中东地区虽然油气资源丰富，但规模较大、较著名的石油装备制造业基地尚未成型。总体而言，全球石油装备制造业产业基地大致与油田集中产区的布局类似。

从研发中心的分布来看，接近40%的企业研发中心位于美国，而美国的石油装备产业研发中心有80%位于休斯敦，其他集聚区在欧洲、南美、东亚和中东等地也有零星分布，全球石油装备制造业的研发中心区位大致遵循邻近油田集中产区和技术发达地区的混合布局规律。

2013年全球石油装备产品的主要出口国有美国、德国、加拿大、法国、丹麦、中国、巴西、俄罗斯、澳大利亚等。美国是世界上最大的石油装备产品出口国，年出口额达到了100亿美元以上；中国、德国、法国位于第二梯队，年出口额在80亿~100亿美元；加拿大、日本、韩国、意大利等位于第三梯队，年出口额在50亿~80亿美元，其他国家和地区年出口不足50亿美元。

然而，从中高技术产品出口额所占比例来看，一些发达国家虽然体量少，但是石油装备产品的技术含量较高。中国、巴西、墨西哥、俄罗斯、中东地区的国家在全球石油装备贸易格局中处于技术吸收和被扶持一方，这些国家和地区融入全球石油装备产品网络，通过产品链分工和技术权力等级的分层，实现从先进国家获取石油装备产品，进而获取产品技术的目标。

## 第二节

# 中国石油装备制造业发展概况

我国的石油石化装备制造业起步较晚,但发展迅速。新中国成立以后,随着我国石油石化工业的不断发展壮大,石油石化装备制造业逐步发展起来,最初只有一个设备厂和机械厂,在国民经济的不断调整和发展中,胜利油田、大庆油田等大油田陆续出现,石油石化装备制造业得到进一步发展壮大,产业体系逐渐完善,基本能满足国内需要。2013年,我国石油装备制造业总共有1773家企业,按行业分类有799家石油钻采设备企业,46家海洋工程设备企业,458家炼油化工设备和470家金属压力容器,其中石油钻采设备行业的主营业务收入和利润总额最高,分别达到了2812.37亿元和197.62亿元,占全部石油装备制造企业的一半以上。而在出口交货值方面,则是海洋工程设备行业最多,达到了314.87亿元。

从企业规模和企业类型来看,我国石油装备制造业以小型企业和民营企业为主(分别为1481家和1447家),占比超过了80%,但在主营业务收入、利润总额、出口交货值等主要企业经济指标上却大大不如大中型企业、国有企业和三资企业(见表4-5)。以德国为例做横向对比,2004年德国石油装备行业的中小企业占据63%的从业人员产出51%的销售额,德国石油装备行业的生产产出提升25%,出口额从628亿欧元增加到1065亿欧元,增幅超过59%。由此可见,我国石油装备企业规模不足、竞争力不强的特点可见一斑。

表4-5　　　　2013年我国石油装备制造业主要经济指标

| 行业名称 | 企业数(家) | 主营业务收入(亿元) | 利润总额(亿元) | 出口交货值(亿元) |
| --- | --- | --- | --- | --- |
| 合计 | 1773 | 5071.22 | 326.50 | 635.55 |
| 按行业分类 | | | | |
| 石油钻采设备 | 799 | 2812.37 | 197.62 | 258.34 |
| 海洋工程设备 | 46 | 604.20 | 18.91 | 314.87 |
| 炼油化工设备 | 458 | 848.40 | 61.28 | 32.01 |

续表

| 行业名称 | 企业数（家） | 主营业务收入（亿元） | 利润总额（亿元） | 出口交货值（亿元） |
|---|---|---|---|---|
| 金属压力容器 | 470 | 806.25 | 48.69 | 30.33 |
| 按企业规模分类 | | | | |
| 大型企业 | 49 | 16447.89 | 93.12 | 382.79 |
| 中型企业 | 243 | 1303.16 | 85.84 | 181.73 |
| 小型企业 | 1481 | 2120.17 | 147.54 | 71.03 |
| 按企业类型分类 | | | | |
| 国有企业 | 118 | 1261.38 | 32.31 | 313.12 |
| 民营企业 | 1447 | 3019.81 | 231.04 | 153.27 |
| 三资企业 | 125 | 600.60 | 51.70 | 159.75 |
| 其他企业 | 83 | 189.43 | 11.45 | 9.42 |

资料来源：《中国石油石化设备工业年鉴2014》。

表4-6截取了我国石油装备企业"20强"名录，我们可以看出，2012年"20强"企业的销售额达到了816.93亿元，出口额28.57亿美元，占比分别超过全部企业的50%和40%。在20家企业中，只有4家民营企业（江苏金石机械集团、山东墨龙石油机械股份有限公司、烟台杰瑞石油服务集团股份有限公司、山东科瑞石油装备有限公司）和1家外资企业（四川宏华石油设备有限公司），其余全部是国有企业或者改制企业，可见规模较大的石油装备制造企业仍以国有企业为主，这也体现了石油装备行业的高技术门槛和特殊的准入制度。

表4-6　　　　2012年中国前20家石油装备制造企业发展情况

| 排名 | 公司名称 | 销售额（万元） | 出口额（万美元） | 企业性质 | 所在城市 |
|---|---|---|---|---|---|
| 1 | 中国石油渤海石油装备制造有限公司 | 1521366 | 42396 | 国有企业 | 天津大港 |
| 2 | 海洋石油工程股份有限公司 | 1238304 | — | 国有企业 | 天津滨海 |
| 3 | 中石油宝鸡石油钢管有限责任公司 | 1002312 | — | 国有企业 | 陕西宝鸡 |
| 4 | 胜利油田高原石油装备有限责任公司 | 725000 | 2886 | 民营改制 | 山东东营 |
| 5 | 宝鸡石油机械有限责任公司 | 618700 | 25370 | 国有企业 | 陕西宝鸡 |

续表

| 排名 | 公司名称 | 销售额（万元） | 出口额（万美元） | 企业性质 | 所在城市 |
|---|---|---|---|---|---|
| 6 | 四川宏华石油设备有限公司 | 481382 | 46513 | 外商独资 | 四川广汉 |
| 7 | 山东科瑞石油装备有限公司 | 419700 | 44819 | 民营企业 | 山东东营 |
| 8 | 中石化石油工程机械有限公司第四机械厂 | 302931 | 15425 | 国有企业 | 湖北荆州 |
| 9 | 山东墨龙石油机械股份有限公司 | 285664 | 16771 | 民营企业 | 山东潍坊 |
| 10 | 烟台杰瑞石油服务集团股份有限公司 | 238403 | 9153 | 民营企业 | 山东烟台 |
| 11 | 中石化石油工程机械有限公司沙市钢管厂 | 195977 | 1638 | 国有企业 | 湖北荆州 |
| 12 | 中原特钢股份有限公司 | 185432 | 5277 | 民营改制 | 河南济源 |
| 13 | 江汉石油钻头股份有限公司 | 184053 | 6198 | 民营改制 | 湖北武汉 |
| 14 | 江苏金石机械集团 | 135850 | 36426 | 民营企业 | 江苏淮安 |
| 15 | 海城市石油机械制造有限公司 | 120252 | 1495 | 民营改制 | 辽宁鞍山 |
| 16 | 胜利油田孚瑞特石油装备有限公司 | 111940 | 10615 | 民营改制 | 山东东营 |
| 17 | 中原特种车辆有限公司 | 109973 | 13670 | 民营改制 | 河南濮阳 |
| 18 | 南阳石油二机（装备）有限公司 | 108506 | 2718 | 民营改制 | 河南南阳 |
| 19 | 河北华北石油荣盛机械制造有限公司 | 92937 | 1991 | 民营改制 | 河北沧州 |
| 20 | 天津立林机械集团有限公司 | 90667 | 2326 | 民营改制 | 天津津南 |
| | 合计 | 8169349 | 285687 | | |

资料来源：《中国石油石化设备工业年鉴2014》。

我国石油装备制造业产值规模和基地分布的空间格局大致与油田的分布格局一致。山东、辽宁和天津3个省市的产值规模最大，均在700亿元以上，三省市境内有胜利油田、辽河油田、大港油田等，著名的石油装备制造业基地有东营、盘锦和大港。东营石油装备制造业基地年产值规模500亿元以上，占山东省石油装备制造业总产值规模的80%以上。天津大港石油装备制造业基地主要关注于海洋石油装备的研发应用，其海洋石油装备的产值比例占全国的比重在70%以上；中部地区的陕西、河南、湖北以及四川、江苏和黑龙江位于第二梯队，产值在400亿~700亿元，这些省市境内有江汉油田、大庆油田、中原油田、长庆油田、四川油田等，著名的石油装备制造业基地有大庆、荆州、濮阳等。大庆油田是我国最早开发的油田之一,也是东北老工业基地重要的产业基地之一,在我国七大石油装备产业基地中位列第三;新疆、甘肃、河北等地产值规模在200亿~400亿元,境内有克拉玛依油田、塔里木油田、华北油田等,著名的石油装备制造业基地有克拉玛依、玉门等地,这些油田探明储量大,但目前技术部分还难以开采,发展潜力巨大;其余省市产值规模均在200亿元以下。

## 第三节 石油装备制造业的组织结构和关键特征

### 一、关键概念界定

#### (一)石油装备制造业

石油装备制造业为石油的勘探、开发、采集、运输、炼化等一系列过程提供技术装备支持,它是国民经济的基本保证和工业发展的核心基础。拥有强大的石油装备制造业是提高综合国力、保证能源安全和社会稳定、实现工业化的根本保证。石油装备制造业的行为主体多样,产业链长,与其他相关产业部门的技术经济联系十分紧密。考虑到研究对象和案例的特殊性,本书界定的石油装备制造业只包含石油勘探、钻采、采油和油气集输等产业环节上的企业,创新合作的领域也只涉及于此,不包含产业链后端的石油炼化、精制等环节上的设备制造商。

#### (二)网络封闭性

网络的封闭性包含网络结构封闭和空间结构封闭两方面的含义:从网络结构来看,封闭型网络呈现闭合回路的特点。以图4-1(b)为例,网络中的每个节点都两两联系,每个节点都处于其他两个节点的联系和制约之中,而图4-1(a)则并未形成闭合联系,各节点处于开放式的联系之中;从空间结构上看,封闭型网络中各节点与其合作伙伴均处于同一集群或区域之中,各节点对外联系少,本地联系密集,即所谓的网络内生性。

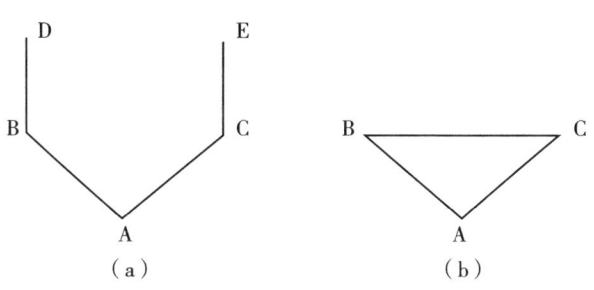

图 4-1 网络结构的非封闭性（a）和封闭性（b）

封闭型的网络能够提供规范与信用。一方面，规范性能够减少外部效应的消极影响并刺激积极影响；另一方面，封闭网络中形成的信用互惠机制会对网络资本和制度厚度的形成产生重要影响。在开放的结构中，规范和信用的缺失是产生消极外部性的重要原因。行为主体的声誉难以提高，保障信用的集体制裁也无法应用，区域内不能形成一致有效的行为规范，这会导致相互制约缺失、未知风险提高和网络效率下降。

## 二、石油装备制造业的一般特点及其特殊性

装备制造产业是传统经济中的一个重要部门，一般被认为是资本和技术密集型产业。装备制造业为所有经济部门提供生产资料[①]（Kalkowksi and Manske, 1993）。它制造机器、工具、装备、机器人和产品设备，因此为其他所有产业提供加工技术。不同于其他产业，装备制造业既不关注于特定的产品生产（如自动化或半导体产业），也不关注于特定的技术领域（如电子化或数字化）。相反，装备制造业关注其他产业的需求，整合其他领域的技术创新（如计算机辅助设计）。由于本身的重要性及其对其他产业的影响，装备制造业是极为重要的基础行业。装备制造业技术门槛高、创新需求大，因此知识联系和伙伴关系对于该行业的企业来说至关重要[②]

---

① Kalkowski P, Manske F. Innovation im Maschinenbau. Ein Beitrag zur Technikgeneseforschung. SOFI-Mitteilungen Nr. 29. Göttingen, 1993.

② Esbjörn Segelod, Jordan G. The use and importance of external sources of knowledge in the software development process [J]. R&D Management, 2004, 34 (3): 239–252.

（Segelod and Jordan，2004）。由于装备制造业的多样性及其对其他产业技术和市场变化的反应，找出单一的技术发展路径是不可能的，关注装备制造业发展和创新的产业特性才是重中之重。

装备制造业涉及的产业和技术门类繁杂，经济和创新合作中的参与主体十分多样，不同类型主体之间的差异也十分复杂和明显，行为主体的多样性和异质性是其主要特征。同一产品领域内，它涉及的主体从高度专业化的中小企业到提供标准化产品或其他大型设备的大企业，不仅包括关键部件和整机生产的大型国企，产业链上的关联企业，也包含提供配件零件等技术创新能力较弱的民营企业[1]（马双，2016）。在学术领域，国内学者普遍认为知识联系、项目合作和产业联盟是装备制造业的基本特征[2][3][4][5][6]（俞会新等，2011；迟冰芮、卢玺，2014；陈伟等，2014；吕国庆等，2014；马双等，2016）。

就规模和发展速度而言，该产业已具有相当大的潜力和实力。2002～2012年，中国GDP和工业总产值的年均增长率均在10.7%左右，而装备制造业年均增长率在25%以上，比GDP和工业总产值的增速高出15个百分点，装备制造业占全国工业各项经济指标的比重高达20%以上，装备制造业产品出口额占全国外贸出口总额的比重也高达25.5%。中央和国务院最近也密集出台了推动装备制造业发展的一系列文件（例如，2006年国务院印发《关于加快振兴装备制造业的若干意见》、2015年国务院印发《关于推进国际产能和装备制造合作的指导意见》），对接国家战略，聚焦重大产业，装备制造业无疑将在我国未来推进新型工业化进程中发挥关键作用，其重要性不言而喻。

---

[1] 马双，曾刚. 我国装备制造业的创新、知识溢出和产学研合作——基于一个扩展的知识生产函数方法 [J]. 人文地理，2016（1）：116-123.

[2] 俞会新，许爱萍，路文杰，等. 技术创新与装备制造业的发展——以河北省为例 [J]. 技术经济与管理研究，2011（6）：48-51.

[3] 迟冰芮，卢玺. 装备制造业产业技术创新联盟模式构建研究 [J]. 中国市场，2014（7）：94-99.

[4] 陈伟，张永超，马一博，等. 区域装备制造业产学研创新网络的实证研究——基于网络结构和网络聚类的视角 [J]. 科学学研究，2012，30（4）：96-107.

[5] 吕国庆，曾刚，顾娜娜. 基于地理邻近与社会邻近的创新网络动态演化分析——以我国装备制造业为例 [J]. 中国软科学，2014（5）：97-106.

[6] 马双，曾刚，吕国庆. 基于不同空间尺度的上海市装备制造业创新网络演化分析 [J]. 地理科学，2016，36（8）：1155-1164.

## 第四章 石油装备制造业的主要特征与格局

石油装备制造业作为装备制造业的分支部门之一,除享有以上装备制造产业的共同特点之外,还具备石油装备制造产业本身的特殊性。第一,石油是不可再生资源,也是燃油、汽油及许多化学工业产品的主要原材料,石油能源关乎国民经济发展、社会稳定和国家安全,因此石油行业一般是国家垄断行业。由于石油资源的供给垄断和开采权垄断,石油装备产业一般邻近油田分布,与油田联系紧密,是供给者驱动产业。第二,中国石油资源由中海油、中石油和中石化三大国企控制,石油装备制造业作为石油工业的上游环节,其发展与国家战略和三家企业的发展战略密不可分。由于中国历史特有的计划经济体制和公有制经济,石油装备制造业的企业衍生、劳动力流动和私人非正式联系的现象极为普遍,产业集群内部存在密切的关系网络和强联系,集群具有较强的封闭性[1](王秋玉等,2015)。此外,由于石油装备制造业较高的技术门槛和特有的准入制度,导致同一产品或分行业领域内的企业数量非常少,企业间的熟识程度极高。以2013年为例,全国仅有1774家石油装备制造企业,最大细分行业石油钻采业的企业数量也只有779家,横向对比软件产业和生物医药产业,在企业数量、从业人员等方面均不足后两者的百分之一甚至千分之一。第三,技术密集型产业倾向于地理集中分布[2][3](Cooke,2002;Cooke et al.,2007),石油装备制造业也不例外,它们在空间上高度聚集[4](Florida et al.,2003)。经济地理学者们已达成共识,集聚能促进集群内企业创新能力的提升[5][6](Baptista and Swann,1998;Porter,1998)。加上石油装备行业对油田的依赖程度极高,落地性明显,因此石油装备制造业的集聚效应

---

[1] 王秋玉,曾刚,吕国庆. 中国装备制造业产学研合作创新网络初探 [J]. 地理学报,2016,71(2):251-264.

[2] Cooke P. Regional Innovation Systems: General Findings and Some New Evidence from Biotechnology Clusters [J]. The Journal of Technology Transfer, 2002, 27 (1): 133-145.

[3] Cooke P, Schall N, Schall N. Schumpeter and varieties of innovation: Lessons from the rise of regional innovation systems research [M]. Elgar Companion to Neo-Schumpeterian Economics, 2007: 896-925.

[4] Florida R. Cities and the Creative Class [J]. City & Community, 2003, 2 (1): 3-19.

[5] Rui B, Swann P. Do firms in clusters innovate more? [J]. Research Policy, 1998, 27 (5): 525-540.

[6] Porter M. On Competition [M]. Cambridge: Harvard Business School Press, 1998.

极为显著，从侧面也能得出本地环境和文化制度将会对石油装备制造业集群产生重要影响的先决预期。第四，Asheim 和 Coenen（2005，2006）[①][②]对知识的不同类型进行了划分，其中装备制造业属于以综合性知识为主的产业部门，这一类型的知识生产十分关注行为主体间的密切合作与互动，其创新过程多以渐进式创新和隐性知识为主。Wang 等（2013）对中国石油装备制造业知识整合能力和自主创新能力的分析表明，正确且高效的知识整合能力会大大提高石油装备企业的自主创新能力和创新绩效，知识的创造、生产和整合不仅需要企业研发部门具备较高的技术创新能力，更重要的是，知识的整合改进需要密集的面对面交流和长久牢固的强联系网络[③]。石油装备制造业的产业共性与特性如表 4-7 所示。

表 4-7　　　　　　　石油装备制造业的产业共性与特性

| | 特征 | 创新的空间或网络隐喻 |
|---|---|---|
| 共性 | 主体的异质性和多样性 | 较多的企业间联系 |
| | 知识和技术密集型产业 | 较多的产学研和企业间联系 |
| | 产业关联度极大的基础行业 | 较多的网络联系，对创新质量要求较高 |
| | 整合其他领域的技术创新 | 创新联系的重要性，对创新质量要求较高 |
| 特性 | 国家垄断，企业进入门槛高且数量少 | 企业和员工的社会网络牢固、封闭、持久 |
| | 供应者驱动型产业 | 近油田高度集聚 |
| | 经历长久的计划经济时期 | 企业衍生和劳动力流动，空间集聚、私人网络密集且封闭 |
| | 创新以综合性知识为主 | 隐性知识和渐进式创新，空间集聚和本地化合作 |

资料来源：作者总结编制。

---

① Asheim B T, Coenen L. Knowledge bases and regional innovation systems: Comparing Nordic clusters [J]. Research Policy, 2005, 34 (8): 1173-1190.

② Bjørn T. Asheim, Coenen L. Contextualising Regional Innovation Systems in a Globalising Learning Economy: On Knowledge Bases and Institutional Frameworks [J]. The Journal of Technology Transfer, 2006, 31 (1): 163-173.

③ Wang Y Q, Jin Q Y, Gong Y F, et al. The Improvement of Independent Innovation Capability in Petroleum Equipment Manufacturing Industry Based on Knowledge Integration [J]. Advanced Materials Research, 2013, 869-870: 1080-1084.

## 三、石油装备制造业的产业链分析

产业链就是在技术、经济、产品等领域存在一定关联的各类企业和产业，在产品生产的完整过程中占据着不同的制造和技术环节，不同环节的企业和产业部门承担着不同的分工和专业化角色，同时又与其他环节的企业和产业相互联系，它们通过资金、技术、信息、产品等的流通和流动，实现对产品研发、生产、销售过程中的完全掌控，不同行为主体间的技术经济联系密集强劲，客观上形成了一条功能上相互协同发展的链条式关联形态[1]（张铁男、罗晓梅，2005）。一方面，产业链的研究焦点集中于企业内部的价值链，但对企业外部的价值联系也应作考量，同时还应涉及产业之间和区域之间的链条关系[2]（Porter，1990）；另一方面，产业链上的联系不仅包含产品关联，也包含技术关联[3]（綦良群等，2008）。因此，本书在分析石油装备制造业的产业链时将同时考虑以上两个方面的因素（见图4-2）。

石油装备制造业的产业链包括前端研发设计，中端核心和非核心零部件生产、关键的驱动和控制系统设计生产，后端的服务支持、装备装配和组装、配套支持，终端的装备调试。（1）前端的研发设计涉及概念设计、基础研究、试验调研和关键技术的攻关等内容，大型国企的研发部门、各类学术和研究机构以及一些政府关联部门是前端产业链的行为主体，主体合作也多以技术联系和知识联系为主。（2）中端涉及核心零部件（如钻头、钻机、测井和勘探设备等）、非核心零部件（电线电缆、输油管、抽油杆等）、驱动和控制系统（动力设备、发电机组、传送成套设备、井控设备、分离隔离设备、智能化监控系统和记录仪等）的生产，这一环节的行为主体主要有各类石油装备企业的技术部门、以技术应用发展为主的研究院，技术能级较高的生产核心零部件、驱动和控制系统的大中型企业。这些企业是石油装备行业中与上下游联系最密切也是最重要的环节。整机

---

[1] 张铁男，罗晓梅. 产业链分析及其战略环节的确定研究 [J]. 工业技术经济，2005，24 (6)：77-78.

[2] Porter M E. The competitive advantage of nations [M]. New York: Free Press, 1990.

[3] 綦良群，王巍，马健. 黑龙江省装备制造业产业链现状及特点分析 [J]. 工业技术经济，2008，27 (2)：63-68.

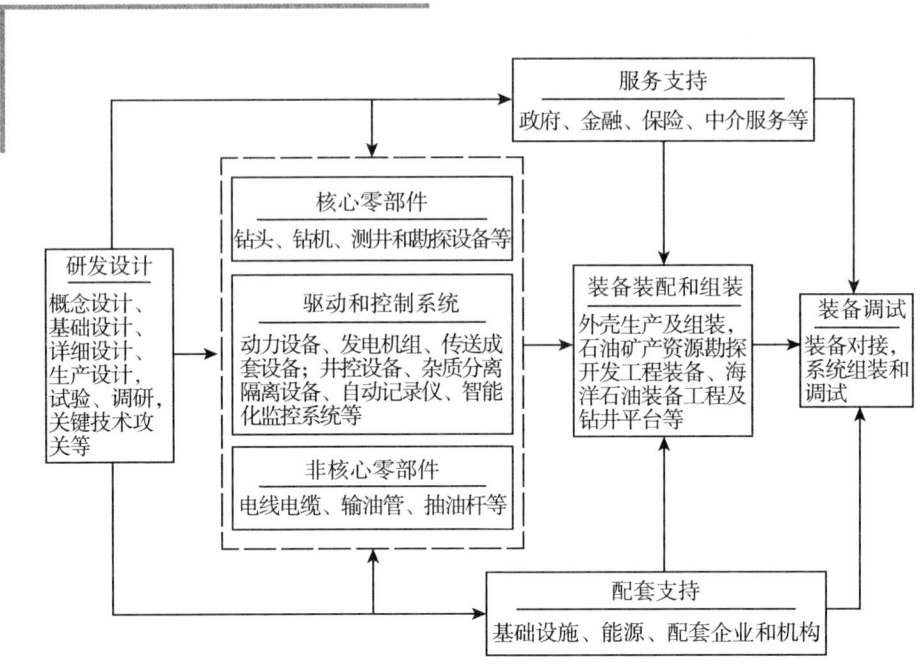

**图 4-2　石油装备制造业的产业链示意图**

资料来源：作者自行整理所得。

制造商通过与上述石油装备和技术服务公司联合，利用其在石油装备研发的特有经验和渠道，经过数次的装备调试和检验，最终将产品提供给消费市场[①]（唐华，2004）。（3）后端涉及政府、金融机构、中介组织的服务支持，外壳生产及组装、陆地和海洋工程设备的装配和组装、基础设施、制度环境、关联企业的配套支持，这一环节的行为主体不直接参与创新活动和研发活动，但为企业等创新主体的合作交流、互动联系以及自主创新提供坚实保障。（4）终端主要是装备对接、系统调试等内容，行为主体主要有第三方的技术质检部门、研究院、部分企业等。

石油装备制造业的技术发展和更新十分需要其他关联产业和技术的支持，这是由其自身的产业特点和技术产品特性决定的[②]（常颖，2014）。基础技术涉及石油装备制造业的一般技术，其通常在实验室中就能模拟完

---

① 唐华. 高新技术产业集群创新系统的构建 [J]. 财经科学, 2004 (6): 70-73.
② 常颖. 全球竞争下大庆石油装备制造业升级的产业链分析 [J]. 中外企业家, 2014 (21): 31.

成;中间技术主要是一些共性技术和应用技术;装备制造技术是最后端技术,涉及成果转化技术。三个技术环节协同发展、联合互动,共同构成了石油装备制造业的技术链条。从产业链各环节间的产品供需来看,石油装备制造业的产品设备在不同环节上的联合发展需要专业化的合作,形成的产品也存在固定性强、周期长而不宜变动的特点。先发国家和地区的企业率先占领市场和技术前沿,后发企业就很难在短期内超越技术鸿沟实现反超;同时,石油装备先发企业通过有意无意的方式(如品牌效应、技术和市场垄断等)对处于同一市场和技术领域的后发企业产生排斥和挤压,严重降低了技术研发和知识生产的成功率,进而导致技术创新能动性的下降[1](陈爱贞,2012)。

第一,石油装备制造业一般遵循产业链垂直分工和一体化的模式,企业专业性和多样性较强,完整关注整个产业链环节上装备产品生产的企业极少。目前,中国的石油装备制造产业处于相对封闭的经济技术环境中,企业的产业链治理和技术创新模式也呈现出严重的两极分化:一些国有、改制或三大油供销网内的企业依托国家重大技术攻关项目、国内产学研合作、大国企产业链带动和国家/区域创新系统的支撑进行自主创新,这一部分的企业形成的产品链和技术链具有极强的稳定性;而其余企业仍然以加工贸易方式参与全球竞争,关键技术、零部件和材料只能依靠进口,与产业链上下游企业互动不足,与国外的技术合作和产品互动也是基于贸易关系,无法为产业链的发展和共同治理提供支撑,从而成为产业升级的"瓶颈"。

第二,过度灵活导致石油装备中小民营企业的技术变革和价值链攀升进展缓慢。虽然中小民营企业不存在典型的国有企业观念落后、"尾大不掉"等弊端,且在资本回报率、市场弹性、产品细分市场的适应性等方面表现得极好,但这会成为产业链环节优化、自主创新能力提高的极大阻力。不少中小企业将经济效益放在首位,注重短期忽视长期,产品和技术领域的专一性和稳定性极差,"朝三暮四""小而全"的现象极为严重,这些企业会抢占产业链上最低端的多个环节,但在技术革新和产业链升级上

---

[1] 陈爱贞. 全球竞争下中国装备制造业升级制约与突破[M]. 经济科学出版社,2012.

并不关注。

第三，国有大企业的全球价值链治理缺乏对下游动态技术的关注。中国石油装备制造企业在参与全球竞争的过程中，由于产品和技术服务性价比较好等优势能够有效抢占欠发达地区和国家的市场，但一味地满足由发达经济体制定的产品和技术标准会导致自身发展个性的缺失，具体表现为技术的盲目跟随和市场需求的无偏差化，许多重要的中间产品、核心零部件、关键组分和驱动装置都经由大型跨国公司直接购买，或者通过其提供的生产线进行产品开发和生产。同时，考虑到市场因素和竞争优势等原因，国有企业会密切注重国外先进技术和产品的动态变化，随时采取跟随模仿的应对措施，这导致了国有大企业在全球石油装备制造业的竞争中只能通过成本和价格优势获取市场，但这对高价值获取和竞争力提升的作用微乎其微。

## 四、石油装备制造业合作创新的特征分析

不同的石油装备制造企业关注点（如规模、精度、可靠性和成本等）不同，因此需求也有所不同。在中国，不同所有制形式的企业也会影响企业发展战略和产品研发。企业利用标准化技术以满足稳定的需求，有些则在产品技术和需求的快速变化中不断变化。考虑到石油装备制造业的复杂性，一些大企业的行业代表性没有 IT 产业高。比起其他全球化产业，石油装备制造业企业更加喜欢自主创新的环境，企业创新过程的典型组织特征与现今中国快速增长的经济需求也相匹配。就大的装备制造业创新网络而言，其网络并不是一个整体的网络，而是由几个互不关联的子网络组合而成①（Liefner and Zeng, 2016）。石油装备制造业创新合作及其网络的特征可以从它与其他行业的对比分析中得出。

①机械工程行业。机械工程企业间的合作较少，在联合产品和过程开发的敏感领域只有少部分企业进行水平合作。原因如下：第一，许多小企

---

① Liefcer I, Zeug G. China's Medianical Engineering Industry. Offering the Potential for Indigenous Innovation [J]. In: Zhou Y, Lazonick, W, Sun Y F. (eds.): China as an Innovation Nation. Oxford Univ Press. 2016: 98-132.

业专业化程度高，它们很难找到合适的区域合作伙伴。如今，工程机械的大多数部门特征是渐进发展而不是技术变革。在这种情况下，独立、小型和专业化的发展部门是获取技术进步最好的途径。第二，大多数专业化市场是垄断的。许多小企业间的竞争激烈。第三，Grotz 和 Braun（1997）的研究发现，不愿意合作是机械工程领域中小企业的通病。换句话说，缺乏合作可能有历史、社会和心理原因。第四，较高的交易成本预期是小企业不愿合作的主要原因[①]（Grotz and Braun，1997）。

②医疗设备行业。高校和科研院所是产业技术发展的关键源泉，但是由于资金等问题，许多技术转移是非正式的，通过咨询、师生关系、出版、会议和其他途径。尽管个体研究者和商人间的联系仍很重要，但学术机构和医疗设备制造商之间组织层面的联系变得更加普遍，并将在未来发扬光大（Mitchell，1991）。

③药品和化学工业。药品和化学工业的技术更加具有科学基础，依赖创新活动中基础研究的进步，因而企业倾向于产学研合作[②]（Veugelers and Cassiman，2005）。化学工业中大型跨国公司是持续创新的重要源泉，企业内部研发受到外部联系和外部科学技术知识的吸收能力的补充。Bathelt 和 Zeng（2012）对上海化工产业创新联系的研究表明，企业间网络并不广泛，并且通常只会涉及有限的生产者—消费者之间的相互作用[③]。重要的化工企业一般将业务专注于与它们已建立关系的国际客户上，或使用国有分销渠道或依赖中介机构（作为知识经纪人）。这些市场互动的做法既不包括密集型信息交换和产品反馈，也不包括客户体验和需求的变化。创新网络中的"结构洞"和弱联系占据主导地位。

④机床行业。机床行业的创新是渐进式和系统化的，应用知识是非常

---

① Reinhold Grotz, Boris Braun. Territorial or Trans-territorial Networking: Spatial Aspects of Technology-oriented Cooperation within the German Mechanical Engineering Industry [J]. Regional Studies, 1997, 31 (6): 545–557.

② Veugelers R, Cassiman B. R&D cooperation between firms and universities. Some empirical evidence from Belgian manufacturing [J]. International Journal of Industrial Organization, 2005, 23 (5–6): 355–379.

③ Bathelt H, Zeng G. Strong growth in weakly-developed networks: Producer-user interaction and knowledge brokers in the Greater Shanghai chemical industry [J]. Applied Geography, 2012, 32 (1): 158–170.

重要的，因此使用者生产者关系以及与客户的关系都是非常重要和普遍的。知识库根植于具有技术资质的车间熟练工人和长期待在企业的设计人员。内部培训特别是学徒期间的培训是十分重要的。在小企业内，研发并不常见，研发合作也不普遍。需求结构的国际差异反过来导致了技术变化速度和方向的国际差异。最近，知识库从纯机械转变为微电子化和信息密集化，正式研发产品使用率和编码化的提高使模块化和标准化程度提高。组件信息在不同生产商间的流动扮演关键角色，如激光、材料、测量和控制设备[①②]（Mazzoleni，1999；Wengel and Shapira，2004）。特定应用的知识库与企业专业化挂钩。使用者—生产者关系、创新者的本地网络和企业内部人力资本是创新的关键要素。但是，最近的产品越发的模块化和标准化，组件的供应商也逐渐加入创新之中[③]（Malerba，2004）。

机床企业高度专业化，经常关注于特定的产业链领域。网络在不同的国家存在差异，因为产品类型和使用需求结构的不同导致创新系统的不同。在任何情况下，本地金融组织和垂直联系扮演主要角色。参与技术转移的组织和网络非常重要。市场机制在原先的非市场关系中显现，如产业/专业协会内的合作，或特定的顾客供应商关系，产业公私联盟对后者也是极大的补充[④]（Wengel and Shapira，2004）。

⑤软件行业。软件产业具有高度分化的知识库，这创造了诸多不同的、特色的产品团体。大型电脑供应商在发展整合硬件和软件系统方面的作用被诸多专业化软件企业所替代。使用者—生产者互动、全球—地方网络和熟练劳动力的高度流动性特征明显。大学在开放资源领域扮演主要角

---

① Mazzoleni R. Innovation in the Machine Tool Industry: A Historical Perspective on the Dynamics of Comparative Advantage [M]. In Mowery, D. and Nelson, R. (eds) Sources of Industrial Leadership. Cambridge: CambridgeUniversity Press, 1999.

② Wengel J, Shapira P. Machine Tools: the Remarking of a Traditional Sectoral Innovation System [M]. In Malerba, F. (ed.) Sectoral Systems of Innovation. Concepts, Issues and Analyses of Six Major Sectors in Europe. Cambridge: Cambridge University Press, 2004.

③ Malerba F. Sectoral Systems of Innovation. Concepts, Issues and Analyses of Six Major Sectors in Europe [M]. Cambridge: Cambridge University Press, 2004.

④ Wengel J, Shapira P. Machine Tools: the Remarking of a Traditional Sectoral Innovation System [M]. In Malerba, F. (ed.) Sectoral Systems of Innovation. Concepts, Issues and Analyses of Six Major Sectors in Europe. Cambridge: Cambridge University Press, 2004.

色。知识产权、标准设定协会在创新、扩散和竞争中扮演主要角色。创新合作特征的产业间差异如表 4-8 所示。

表 4-8　　　　　　　　创新合作特征的产业间差异

| 行业类别 | 知识和技术来源 | 合作方式 | 相关学者 |
| --- | --- | --- | --- |
| 机械工程 | 很少来源于同行企业 | 只在敏感领域进行水平合作 | Grotz and Braun（1997） |
| 医疗设备 | 高校和科研院所 | 非正式的技术转移 | Mitchell（1991） |
| 药品化学 | 基础研究 | 产学研合作 | Veugelers and Cassiman（2005） |
| 机床制造 | 应用研究 | 产业链合作，渐进式创新 | Mazzoleni（1999） |
| 软件信息 | 大学和行业协会 | 全球化合作 | Wengel and Shapira（2004） |

此外，创新网络因区域特征的差异而有所不同。欧盟机械指导委员会的政策在石油装备产业领域实现了欧洲的共同市场基础，而石油价格和石油消费市场规则的全球统一制定也使石油装备制造业存在一定共性。但是，石油装备制造业合作创新的特征仍然表现出显著的地方性和情境性。例如，区域层面上基于信任的密切关系为德国和意大利家族企业的扩张计划和创新提供了足够的资金，本地或区域劳动力市场和本地组织（如本地银行）在影响特定区域的国际比较优势方面扮演主要角色。这导致了其他更加危险或昂贵的方法很少被使用，而更加激进的创新变化也很少发生。在德国，职业培训极大地促进了机床行业的技能发展。相对稳定的就业环境和企业雇佣策略（内部劳动力市场）形成了创新增量和知识累积的基础。标准化不仅在健康和安全还在规模经济方面拥有长久的传统。它们的建立为组件和外围设备供应商和装备制造商之间联合任务的共享提供了基础。这增进了显著的渐进式创新制度[①]（Wengel and Shapira，2004）。而在

---

① Wengel J, Shapira P. Machine Tools: the Remarking of a Traditional Sectoral Innovation System [M]. In Malerba, F. (ed.) Sectoral Systems of Innovation. Concepts, Issues and Analyses of Six Major Sectors in Europe. Cambridge: Cambridge University Press, 2004.

中国，石油装备制造业的创新合作呈现出极度的封闭性和内生性[1][2][3][4][5]（李晓彦，2011；张东，2012；吕国庆等，2014；马双等，2014；王秋玉等，2015）。由于中国特有的计划经济体制和"关系"的缘故，中国石油装备制造业大多基于区域创新系统背景下进行创新合作，全球化程度不高，创新联系和知识获取的空间尺度主要集中于本地，创新合作的主体大多是母企业、衍生企业或三大油，创新网络与三大油的供销网络或创新网络存在不同程度上的重叠，网络呈现出极强的封闭性和强联系特征，这与一些全球化程度较高、倡导开放式创新的新知识经济产业（如电子信息产业）的创新网络有很大的不同。石油装备产业创新合作的区域间差异如表4-9所示。

表4-9　　　　　　石油装备产业创新合作的区域间差异

| 国家和区域 | 细节描述 |
| --- | --- |
| 欧盟 | 欧洲共同市场，石油价格和消费规则的全球统一，区域内存在一定共性 |
| 意大利 | 基于信任关系的家族企业，本地劳动力流动和本地组织（金融机构）扮演重要作用 |
| 德国 | 职业培训、行业协会现象普遍，稳定的就业环境和人才雇佣策略 |
| 中国 | 计划经济、国家垄断、集体主义，网络重叠度高，全球化程度低，网络封闭性强 |

# 本章小结

本章讨论了两个问题：一是对国内外石油装备制造业企业、基地的空间格局、技术创新和发展水平做了详细的描绘。二是从学术思辨和文献分

---

[1] 李晓彦. 我国石油装备制造企业自主创新机制研究 [D]. 武汉理工大学，2011.
[2] 张冬. 东营市石油装备制造业产业集群发展问题研究 [D]. 山东师范大学，2012.
[3] 吕国庆，曾刚，马双，等. 产业集群创新网络的演化分析——以东营市石油装备制造业为例 [J]. 科学学研究，2014，32（9）：1423-1430.
[4] 马双，曾刚，吕国庆. 集群非正式联系的形成及其对技术创新的影响——以东营市石油装备制造业为例 [J]. 经济地理，2014，34（10）：104-110.
[5] 王秋玉，吕国庆，曾刚. 内生型产业集群创新网络的空间尺度分析——以山东省东营市石油装备制造业为例 [J]. 经济地理，2015，35（6）：102-108.

析的角度对石油装备制造业的组织结构和关键特征进行了描述,基于装备制造业总结了石油装备制造业的一般特点和特殊性,接着对石油装备制造业的产业链分析入手,对石油装备制造业合作创新的可能特征进行了分析。

总体而言,目前全球80%的石油装备制造企业都集中于美国休斯敦,不论是发展规模还是技术水平都无出其右。在国内,石油装备制造业基地主要集中于东北、环渤海等地区。从组织结构和关键特征来看,石油装备制造业存在较多的产学研和企业间联系、国家垄断、企业进入门槛高且数量少、近油田高度集聚、私人网络密集且封闭、空间集聚和本地化合作等特征。这些结论为后续封闭型创新网络的研究提供了支撑。

# 第五章

# 东营市石油装备制造业的发展历程和现状评价

东营市地处黄河入海口，是黄河三角洲的中心城市，同时也是中国第二大油田——胜利油田——所在地。东营市石油装备制造业兴起于20世纪60年代，最初的石油装备制造企业均隶属于胜利油田，它们在国家的统一计划下为胜利油田的开采开发服务。通过逆向工程、消化吸收再改进和技术、设备引进的方式，东营市石油装备制造业不断提升自身的技术实力。

从20世纪90年代末至21世纪初，随着国有企业改制进程的推进，胜利油田的大多数下属单位经过改制变为民营企业。东营市政府根据本地区的发展特色，适时地制定了"打造中国石油装备制造业基地"的目标。经过多年的努力，目前已形成了集装备研发、制造、服务、内外贸于一体的较为完整的产业体系。2013年，东营市石油装备制造业总产值占全国的1/3左右，销售收入连续四年居全国首位，俨然成为国内发展水平最高、产业最集中的石油装备制造业基地。

## 第一节

### 东营市石油装备制造业发展历程

山东省东营市位于胜利油田主产区，集中了胜利油田80%的油气储量和85%的产量。从20世纪60年代起，东营便在国家计划经济体制的背景下进行生产作业。1983年，国务院根据当地特大型企业发展情况和特殊环境，专门划定相应区域设置新中国最年轻的地级市——东营市。2009年，东营石油装备特色产业基地获国家科技部"火炬计划"批复建设。2013年,科技部批准东营建设国家石油装备高新技术产业化基地。可见,东营市石油装备制造业及其创新网络经历了由弱变强、由简单到复杂的发展过程。

## 一、起步阶段

胜利油田是东营市石油装备制造业的发展基础和开端,也是产业集群形成和演化的重要驱动力和源泉。1964年,因国际环境恶化、国家战略需要和产业基础薄弱等现实原因,在计划经济体制大背景下,国家和地方政府围绕胜利油田展开了大规模的石油开发开采行动。这一阶段的石油装备产业还依附于整个石油产业的大躯壳中,如胜利胜机的前身是胜利油田总机械厂,胜利孚瑞特是胜利油田工程机械总厂。在路径依赖和自我增强机制的作用下,这些企业对之后东营石油装备制造业的发展起到了基石作用。这一阶段石油装备制造业创新网络的结构简单,主体单一,联系紧密,组织方式是企业(胜利油田)内部的垂直一体化运作机制。

## 二、发展阶段

这一阶段经历的时间从20世纪70年代到90年代,发展背景是如火如荼的改革开放和社会主义市场经济。许多石油装备制造企业如胜利动力机械、胜利高原纷纷成立,它们以油田二级或三级单位的形成存在,自主权力范围扩大。许多国家级省部级课题和技术攻坚项目落户东营,产品多样性、技术生产效率显著提升。科研院所、大专院校开始布局周边,知识生产能力不断加强。这一阶段的创新网络主体开始增多,网络联系呈现单向控制的特点,联系也变得更加紧密,组织形式从之前的垂直一体化运作向母子公司关系的方向转变。当然,国有企业的"尾大不掉"和机械体制难以为继,政策倾斜和地方注意保护成长起来的本地石油装备企业在发展到一定阶段后陷入政策和技术锁定,需要强力的内生动力或外部冲击打破现有组织生产模式和技术发展路径,开辟出新的区域和产业发展路径。

## 三、腾飞阶段

2000年，根据中石化重组上市的整体部署，胜利油田有限公司挂牌成立，改制步伐正式迈出。胜利油田一分为二，成为上市企业和改制存续部分。改制背景下自由化的陡然提高，使本地民营资本和部分原本举步维艰的企业活跃起来。大量国外和民间资本吸收分流下来的技术和人员，相继成立了如山东科瑞、利源管业、山东赛瓦、约克夏等石油装备制造企业；胜利胜机、胜利孚瑞特等原属胜利油田的企业成功改制，短短几年内产值规模就翻了几番。这些企业发展历史悠久，有着雄厚的技术和资本，在受到灵活宽松政策的外部推动和企业重组裂变的内部刺激下，较短时间内便实现了区域产业发展路径的创造。腾飞阶段的创新网络发展变动剧烈，创新主体急剧增多，进入退出网络也较为频繁，技术合作内容更加细化深入，网络联系较为密切，网络结构和空间范围也变得更加复杂和广泛。

# 第二节
## 东营市石油装备制造业现状评价

### 一、东营市石油装备制造业发展概况

近年来，东营市高度重视石油装备产业的培育和发展，先后制定了石油装备产业调整振兴规划，出台了《东营市石油装备产业整合试点工作方案》《东营市重点产业"四个一"工程实施方案》《关于加快石油装备产业发展的意见》等政策，鼓励企业积极引进高层次科研人才，加大装备研发力度，加快科技成果转化，推动了石油装备产业的快速发展，已形成了集研发、制造、服务、内外贸于一体的较为完整的产业体系。2013年，东营市规模以上石油装备企业102家，占东营市规模以上工业企业总量的11.8%；实现主营业务收入822.9亿元（占全国石油钻采设备制造行业主营业务收入总量的29.26%）、利税119.5亿元、利润85.5亿元，同比分

别增长11.6%、11.4%和13.2%；共生产石油钻井设备15.18万台（套），同比增长22.8%；完成出口额8.58亿美元，同比增长2.7%，占东营市出口总额的14.78%（见图5-1）。主营业务收入过亿元的石油装备企业有75家，其产值合计占到东营市全部规模以上石油装备企业总产值的98%。其中，工业总产值10亿元以上的石油装备企业有23家，30亿元以上的有8家。

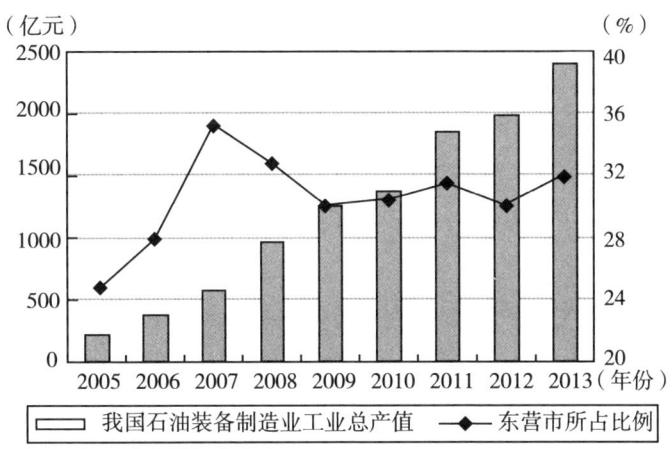

图5-1　2005~2013年东营市石油装备制造业产值及其占全国的比重

资料来源：中国石油和石油化工设备工业协会网（http://www.cpeia.org.cn/）。

东营市现已形成东营经济技术开发区、胜利经济开发区、垦利胜坨工业园区、垦利经济开发区和河口经济开发区5个产业集聚区。东营经济技术开发区主攻高精尖石油装备技术的研发和高端产品的制造，汇聚高端创新资源；胜利经济开放区力主建设成为具有石油装备领域信息、技术、产品等交易功能和培训、商务等平台功能的产业区；其他三个产业区在集约化发展的基础上，着力提升产业规模和技术水平，办成一批极具竞争力的企业，培养一批业务能力强的技术人才。2013年，5个产业区占东营市整体的产值规模、上缴利税、企业数量、发明专利和重大课题项目均超过了80%，集聚带动效应极其明显。

目前，东营市自主创新能力和区域创新环境也有显著提升。已建成省级企业技术中心13家，市级企业技术中心18家，国家级工程技术研究中心1家，省级工程技术研究中心10家，院士工作站2家、博士后科研工作站2家。东营市21个石油装备产品被认定为山东省重点领域首台（套）技术装备产品。东营市连续6年成功举办了中国（东营）国际石油石化装备与技术展览会，累计参展企业2000多家。被中国石油和石油化工设备工业协会授予"中国石油装备制造业基地"称号，被科技部批准为"国家'火炬计划'石油装备特色产业基地"。

## 二、国内其他石油装备制造业基地发展概况

### （一）辽宁盘锦石油装备制造业集群

盘锦石油装备制造基地是国家"火炬计划"特色产业基地、中国石油装备制造业基地。围绕中石油辽河油田，经过40多年的艰苦创业，盘锦石油装备制造产业集群已集聚了近200家石油装备制造和技术服务企业，产品涵盖勘探开发设备、钻井设备、采油设备、修井设备、测井录井装备、井下工具、油田环保设备、石油管材、油气生产技术服务等十几大类上百个品种，部分产品和技术达到国际先进水平或填补国内空白。2013年，盘锦石油装备制造集群规模以上企业工业总产值290亿元，同比增长26%；固定资产投资107亿元，同比增长24%；全口径税收收入16.05亿元，同比增长2.2%；财政收入12.9亿元，同比增长14%；实际利用外资15802万美元，出口创汇达1亿美元。

基地所属企业的部分产品技术水平已达国内一流或国际先进水平。渤海装备辽河重工有限公司拥有世界最大的陆地钻机成套中心，天意石油装备有限公司的顶部驱动钻井装置已达到国际先进水平，辽宁华孚环境工程股份有限公司的石油工程技术服务和环保处理技术与派普钻具制造有限公司的钻铤、钻杆技术处于国内领先水平，此外，辽河裕隆实业有限公司的石油测井专用仪器、数控系统和射孔器材，辽河环利专用制造有限公司的石油特种作业车技术水平均属国内一流。

盘锦石油装备制造产业集群未来将重点发展石油天然气装备制造业（包括石油钻采装备、天然气装备和石化装备等）和海洋工程装备制造业（包括海洋钻采平台、海洋工程辅助船、定位系统及关键设备及高技术船舶等）两大支柱产业。预计到2020年，石油装备制造产业生产效率、产

品技术水平和质量得到显著提高，产业主营业务收入达到2000亿元以上，规模以上企业数量达到200家，产品出口额占全行业收入的30%。其中，海洋工程装备制业基将以辽东湾新区海工装备制造基地为主，大洼临港经济区装备制造基地为辅，重点发展海洋工程装备制造产业，建设国内一流的海洋工程装备制造基地。到2020年，海洋工程装备和重型装备的主营业务收入达到800亿元，年均增长30%以上；石油天然气装备制造业以盘锦石油天然气装备制造基地为主，辽宁北方新材料装备制造基地为辅，立足于石油天然气装备价值链高端，重点发展钻井装备、采油采气装备、天然气装备及油田专用汽车，辅助发展炼化装备、环保装备及新能源装备，打造具有国际竞争力、世界一流水平的百亿元级的石油天然气装备制造基地。到2020年，石油天然气装备的主营业务收入达1200亿元，年均增长30%以上。

### （二）黑龙江大庆石油装备制造业集群

大庆石油装备制造业是伴随着大庆油田的开发逐步发展起来的，历经设备修保、零部件加工、系列化制造三个阶段，目前是黑龙江省最大的石油化工装备生产基地和全国七大石油化工装备生产基地之一，也是全球重要的采油装备产业基地。截至2013年，大庆市拥有大庆油田装备制造集团、大庆大丰油田科技有限公司、联勤装备制造工程有限公司、中油庆瑞石油科技有限公司等规模以上石油装备制造企业102家，实现工业总产值146亿元、工业增加值55亿元。预计到2020年，大庆石油装备规模以上企业将超过150家，主营业务收入600亿元以上，形成比较完善的石油装备产业链和现代装备制造、物流产业和产品集散地；创立1~2家国家级、2~3家省级企业技术中心或工程研究中心。

大庆石油装备制造企业生产的抽油机、潜油电泵、射孔器材和石油化工专用设备等部分产品的质量已达到国内一流水平。其中，大庆射孔弹厂是国内最大射孔器材定点生产厂，产品国内市场占有率达40%以上；力神泵业有限公司生产的潜油电泵和螺杆泵畅销国内外市场，其潜油电泵国内市场占有率达60%以上；大庆大丰油田科技有限公司油田三次采油装备产品具有独立知识产权；大庆北研石油设备制造有限公司生产的智能型提捞式抽油机的节能效果在国内处于领先水平（张建军，2008）。

### （三）河南濮阳石油装备制造产业集群

濮阳市石油装备产业伴随着中原油田的开发而形成并不断壮大。大部分企业是因中原油田改制，从中原油田分离出来的，这些企业占濮阳市石油装备企业总数的80%，如河南中原总机泵业有限公司、中原特种车辆有限公司等；另一部分企业是依附油田而建，从小作坊一步步发展壮大，如濮阳市诚信钻采助剂有限公司、濮阳佳华化工有限公司等；还有一小部分企业是中原油田的三产企业。石油装备产业作为濮阳工业发展的重中之重，投入力度巨大，产业规模日益壮大，创新能力明显提高。2013年，濮阳市石油装备制造产业完成总产值380亿元，出口额1.44亿美元；石油装备制造企业155家，其中规模以上企业55家，产值超亿元的企业有35家，超10亿元的企业有4家。初步形成了集装备研发、制造、技术服务及产品销售为一体的产业体系。预计到2020年，主营业务收入将达200亿元，利润将达25亿元，出口额将达4亿美元。规模以上企业数量超过100家，其中主营业务收入过60亿元的企业1~2家。

创新能力方面，濮阳市已拥有石油装备类高新技术企业28家、省级企业研发中心13家，研发高新技术产品129项，获国家专利600余项，累计打造出"中油""石油人""中原总机"等17个中国名牌产品。中原特车被认定为高新技术企业及河南省创新型试点企业、省级企业技术中心、省特种车辆工程技术研究中心，承担了多个石油行业标准的起草工作，6种产品填补国内空白，9类产品达到国际先进水平，50余项成果获省部级以上科技奖励，17种产品被评为省级高新技术产品，28项技术获国家专利。天地人环保设备有限公司16项发明专利得到国家专利局授权，产品出口到哈萨克斯坦、苏丹等国外市场。目前，主要石油装备能满足开采非常规油气资源、深层与复杂地质结构及深海钻采工程需要，产品主要性能指标接近或达到国外先进水平。

### （四）江汉石油装备制造产业集群

江汉石油装备制造产业基地地处江汉平原，围绕中石化江汉油田集聚发展，涵盖湖北潜江、荆州等区域，先后发现24个油气田。江汉石油装备产业主要以中石化机械公司为主导，若干配套企业相衬托。产业发展势头良好，创新能力较强。基地内90%以上的企业通过ISO质量体系认证，70%以上的企业具有石油行业一级、二级、三级网络资格，50%以上的企业通过API认证。

中石化石油工程机械有限公司第四机机械厂是我国石油装备制造业十强企业，主要生产钻井工程设备、采油及井下作业设备、海洋石油装备和高压管汇件产品；中石化石油工程机械有限公司第三机机械厂是我国唯一的大中型往复式天然气压缩机生产企业，主要生产RDS压缩机、CNG压缩机、石油特种车辆和水处理设备；江汉石油钻头股份有限公司是世界第三大石油钻头制造销售商，主要生产牙轮钻头，国内市场占有率长期稳定在60%以上，国际市场占有率已接近10%；四机赛瓦石油钻采设备有限公司作为中美合资公司，主要生产固井压裂设备自动控制系统、压裂仪表车、动力传递离合器、井下工具及柱塞泵，其50%的产品出口国际市场；沙市钢管厂是我国中部最大的钢管制造企业，主要产品为直缝焊管、螺纹焊管和油井管。2012年年底，中石化江汉石油管理局四机厂、江汉石油钻头股份有限公司、第三机械厂、沙市钢管厂、四机赛瓦石油钻采设备有限公司以及机械研究院整合成立了中石化石油工程机械有限公司，拥有员工1万多人，正式职工近5000人；资产总额76.3亿元，收入78.5亿元，出口额近16亿元。

## 三、石油装备制造业基地区域创新环境评价

1985年，欧洲创新环境小组（GREMI）率先提出"区域创新环境"的概念，并将其界定为"一定区域内的行为主体通过相互协作与集体学习而建立起来的各种非正式关系，这些关系能够促进本地创新能力的提升"[①]。不同于一般的成本要素和传统要素，区域创新环境更加注重经济社会制度、基础设施、法规准则和共同信任等环境条件在区域创新中的作

---

① Aydalot P. Milieux innovateur en Europe [C]. Paris: Groupe de Recherche European sur les Milieux Innovateurs (GREMI), 1986.

用。区域创新环境能通过文化、基础设施、制度、政策、自然环境等软硬环境提升产业集群的自主创新能力和竞争力[1](盖文启,2002)。优越的创新环境能够降低企业衍生与发展的成本和阻碍,企业与区域内外部创新主体合作关系的强化可以不断拓展区域创新网络的联系范围[2](盖文启、王缉慈,2000)。此外,本地政策和地方政策系统内主体间的距离缩进能够增加信任和透明度,区域内发展起来的共同信任能够打破创新主体间的联系障碍,强化主体联系,促进区域创新发展[3](Chaminade and Vang,2008)。一批学者基于各自案例区的实证分析也都证明了良好的区域创新环境对区域创新能力的提升作用[4][5][6][7](Saxenian,1994;Malecki,2006;许婷婷,2013;刘伟、盖文启,2003)。

区域创新环境还是本地制度厚度的重要体现。在"全球—地方"联结下,除了区域自身的环境条件与产业特色外,区域通过正式与非正式制度的搭配以产生协同作用(synergy)而使该地区获得经济活力。通过制度化过程,该区域各机构间产生信任,拥有同一愿景,形成一套共同认可的行为、支撑和操作规定,使每个个体能够充满活力、高速有效地发展[8](Amin and Thrift,1995)。

基于前述的理论判断和前人研究成果,本书从硬环境和软环境两个方

---

[1] 盖文启. 创新网络——区域经济发展新思维 [M]. 北京:北京大学出版社,2002.

[2] 盖文启,王缉慈. 全球化浪潮中的区域发展问题 [J]. 北京大学学报哲学社会科学版,2000(6):23-31.

[3] Chaminade C, Vang J. Globalisation of knowledge production and regional innovation policy: Supporting specialized hubs in the Bangalore software industry [J]. Research Policy, 2008, 37 (10): 1684-1696.

[4] Saxenian A. Regional advantage: culture and competition in Silicon Valley and Route 128 [M]. Cambridge, MA: Harvard University, 1994.

[5] Malecki K C, Bekkedal M, Hanrahan L, et al. Linking childhood cancer with potential environmental exposure determinants [J]. Wmj Official Publication of the State Medical Society of Wisconsin, 2006, 105 (2): 32-35.

[6] 许婷婷,吴和成. 基于因子分析的江苏省区域创新环境评价与分析 [J]. 科技进步与对策,2013,30(4):124-128.

[7] 刘伟,盖文启. 从区域创新环境视角看北京市高新技术产业的竞争力 [J]. 北京社会科学,2003(2):3-12.

[8] Amin A, Thrift N. Globalisation, institutional "thickness" and the local economy [A]. in Healey P et al., Managing Cities: the new urban context [C]. Chichester: John Wiley & Sons, 1995: 91-108.

面构建区域创新环境评价指标体系。前者涉及相关的基础设施建设,后者包括体制机制、政策法规、商业和社会文化氛围、投融资环境等。考虑到指标体系的科学性、系统性、全面性和可操作性的原则,本书从基础设施、人力资本、市场环境和政策环境4个维度入手,选取18项指标构建石油装备制造业基地区域创新环境评价的指标体系(具体见表5-1)。各指标的数据来源于2013年相关省市统计年鉴和国民经济和社会发展统计公报。

表5-1　　　　　区域创新环境评价指标体系

| 目标层 | 准则层 | 指标层 |
| --- | --- | --- |
| 区域创新环境 | 基础设施 | 客运量($X_1$) |
| | | 货运量($X_2$) |
| | | 邮电业务收入($X_3$) |
| | | 万人移动电话用户数($X_4$) |
| | | 万人互联网宽带接入用户数($X_5$) |
| | 人力资本 | 每百人公共图书馆藏书($X_6$) |
| | | 教育支出占地方财政支出比重($X_7$) |
| | | 在岗职工平均工资($X_8$) |
| | | 万人普通高等学校专任教师数($X_9$) |
| | 市场环境 | 人均GDP($X_{10}$) |
| | | 人均消费性支出($X_{11}$) |
| | | 固定资产投资($X_{12}$) |
| | | 外商直接投资($X_{13}$) |
| | 政策环境 | 科技支出占地方财政支出比重($X_{14}$) |
| | | 城市维护建设资金支出($X_{15}$) |
| | | 年末金融机构存贷款余额($X_{16}$) |
| | | 研发投入占GDP比重($X_{17}$) |
| | | 人均绿地面积($X_{18}$) |

本书利用因子分析对所有指标实现降维。首先,本书对相关指标数据进行标准化处理,实现数据的可对比性。其次,利用因子分析计算矩阵的特征值和方差贡献率,同时确定主因子个数($F_1$、$F_2$、$F_3$),方差贡献率分别为47.892%、27.353%和15.949%,累积贡献率达到了91.194%,充

分保留了原始数据信息，解释力较好。最后，利用方差最大值计算得到因子负荷矩阵（见表5-2）。$F_1$在万人移动电话用户数（$X_4$）、万人互联网宽带接入用户数（$X_5$）、每百人公共图书馆藏书（$X_6$）、在岗职工平均工资（$X_8$）、万人普通高等学校专任教师数（$X_9$）、人均GDP（$X_{10}$）、科技支出占地方财政支出比重（$X_{14}$）、研发投入占GDP比重（$X_{17}$）、人均绿地面积（$X_{18}$）9个因子上具有较大载荷，反映了区域经济发展水平、信息通讯水平和社会民生环境，可概括为区域创新的社会经济发展基础。$F_2$在货运量（$X_2$）、邮电业务收入（$X_3$）、人均消费性支出（$X_{11}$）、固定资产投资（$X_{12}$）、外商直接投资（$X_{13}$）、城市维护建设资金支出（$X_{15}$）、年末金融机构存贷款余额（$X_{16}$）7个因子具有较大载荷，反映了区域的投资力度、消费水平，可概括为区域创新的市场环境。$F_3$在客运量（$X_1$）、教育支出占地方财政支出比重（$X_7$）2个因子上具有较大载荷，可概括为区域创新的智力支持力度。

表5-2　　　　　　　　　　　　因子负荷矩阵

| 指标 | 主成分 | | |
|---|---|---|---|
| | 1 | 2 | 3 |
| 客运量（$X_1$） | -0.754 | 0.334 | 0.471 |
| 货运量（$X_2$） | -0.501 | 0.557 | -0.661 |
| 邮电业务收入（$X_3$） | -0.395 | 0.562 | 0.544 |
| 万人移动电话用户数（$X_4$） | 0.962 | 0.117 | -0.205 |
| 万人互联网宽带接入用户数（$X_5$） | 0.925 | -0.094 | -0.210 |
| 每百人公共图书馆藏书（$X_6$） | 0.753 | -0.647 | -0.118 |
| 教育支出占地方财政支出比重（$X_7$） | 0.259 | -0.380 | 0.875 |
| 在岗职工平均工资（$X_8$） | 0.937 | -0.284 | 0.066 |
| 万人普通高等学校专任教师数（$X_9$） | 0.692 | 0.491 | 0.026 |
| 人均GDP（$X_{10}$） | 0.975 | -0.015 | -0.207 |
| 人均消费性支出（$X_{11}$） | 0.398 | 0.895 | -0.136 |
| 固定资产投资（$X_{12}$） | 0.081 | 0.932 | 0.227 |
| 外商直接投资（$X_{13}$） | -0.560 | 0.252 | -0.779 |

续表

| 指标 | 主成分 | | |
|---|---|---|---|
| | 1 | 2 | 3 |
| 科技支出占地方财政支出比重（$X_{14}$） | 0.776 | 0.099 | 0.368 |
| 城市维护建设资金支出（$X_{15}$） | 0.556 | 0.710 | 0.248 |
| 年末金融机构存贷款余额（$X_{16}$） | 0.368 | 0.827 | 0.222 |
| 研发投入占GDP比重（$X_{17}$） | 0.794 | 0.528 | -0.271 |
| 人均绿地面积（$X_{18}$） | 0.876 | -0.262 | -0.086 |

利用因子分析的结果进一步计算东营、大庆、江汉[①]、盘锦和濮阳5个地区的创新环境综合得分，东营市区域创新环境评价位列第一（0.827分），濮阳市位列最后（0.366分），两者得分相差一倍以上（见表5-3）。由此可见，在中国5个重要的石油装备制造业基地中，东营市的区域创新环境最优，这对东营市石油装备制造业的创新升级和可持续发展具有重要的支撑作用。

表5-3　　　　　　　2013年区域创新环境综合评价

| 地区 | 区域创新环境 | |
|---|---|---|
| | 得分 | 排名 |
| 东营 | 0.827 | 1 |
| 大庆 | 0.764 | 2 |
| 江汉 | 0.652 | 3 |
| 盘锦 | 0.566 | 4 |
| 濮阳 | 0.366 | 5 |

# 本章小结

本章对东营市石油装备制造业的发展历程进行了分析，基于演化机制

---

[①] 本书使用荆州市相关指标评价江汉石油装备产业基地的区域创新环境。

和动力要素对发展阶段进行了划分,同时描述了不同发展阶段东营市石油装备制造业及其创新网络的关键特征。在此基础上,通过对比分析2013年东营石油装备制造业与国内其他著名的石油装备制造业基地的创新环境,得出了东营市石油装备制造业创新环境最优的结论。正是在漫长的区域演化历程、扎实的产业发展基础和良好的创新环境条件下,东营才有可能成为国内首屈一指的石油装备制造业创新示范基地,也才有可能成为封闭型创新网络的典型代表。

# 第六章

# 东营市石油装备制造业创新网络的结构特征分析

专利和论文通常被视为表征创新产出和绩效的关键指标,而其中不同主体间的合作发明专利和合作论文则被视为知识共享和创新合作最有效的表征指标①(Hagedoorn and Cloodt,2003),滕堂伟(2015)②、武建龙(2010)③、李海东(2010)④、董慧梅(2016)⑤、陈伟(2015)⑥ 等一大批学者基于合作发明专利和合作论文指标分别对张江生物医药、哈尔滨装备制造、广东佛山陶瓷、中关村高新技术、东三省新能源汽车等产业的集群创新网络进行了详细的描述和刻画,得出了有益的结论和政策启示。

然而,创新合作不是简单的全球和地方单一视角,更多时候是多尺度的耦合发展与动态变化的,许多学者基于多空间尺度的视角来探讨创新合作的交互作用。Bathelt 等(2004)关注了经济活动的空间集聚和在多种交互学习过程中它与知识创造的空间性的关系。他质疑了"隐性知识交流的

---

① Hagedoorn J, Cloodt M. Measuring innovative performance: is there an advantage in using multiple indicators?[J]. Research Policy, 2003, 32 (8): 1365 – 1379.
② 滕堂伟. 生物医药产业集群创新网络结构演化及其空间特性 [J]. 兰州学刊, 2015 (12): 185 – 191.
③ 武建龙, 王宏起. 基于专利的高新技术企业集群创新网络结构分析方法及实证 [J]. 中国科技论坛, 2010 (8): 74 – 80.
④ 李海东. 基于社会网络分析方法的产业集群创新网络结构特征研究——以广东佛山陶瓷产业集群为例 [J]. 中国经济问题, 2010 (6): 25 – 33.
⑤ 董慧梅, 侯卫真, 汪建苇. 复杂网络视角下的高新技术产业集群创新扩散研究——以中关村产业园为例 [J]. 科技管理研究, 2016, 36 (5): 149 – 154.
⑥ 陈伟, 周文, 郎益夫. 集聚结构、中介性与集群创新网络抗风险能力研究——以东北新能源汽车产业集群为例 [J]. 管理评论, 2015, 27 (10): 204 – 217.

范围局限在当地环境中,而显性知识则在全球范围内都可以几乎无摩擦地交流"这一通用解释模型的价值。他解释了显性和隐性都能在本地和全球交流的条件。一方面,在学习过程中成员间会发生嵌入群体的所谓"本地蜂鸣";另一方面,在建立交流渠道时通过投资获取知识称作"全球管道",通常选择本地环境以外的知识提供者。高度的蜂鸣和许多管道的联合会提供给在区外的企业和活跃的集群独特的优势。他的研究强调了不同空间尺度创新网络中知识流动和技术扩散的耦合特点[1]。李丹丹等(2013)和吕国庆等(2014)借助多维邻近性的分析框架和研究方法,就创新网络的结构、地理空间布局、演变过程和内在机理等科学议题,尝试对生物技术产业和装备制造产业进行分析,研究表明两种产业创新网络的发展特点正好相反。生物技术产业的创新网络的结构演变受等级扩散和扩展扩散的双重影响,地理邻近和技术邻近的表现同等重要;而装备制造业中的地理邻近则十分重要,体现城市创新能级的技术邻近和社会邻近则只在区域层面发挥作用[2][3]。可见,创新网络的演化受到不同因素的影响,而在不同空间尺度的情景下,各影响因素的作用强度和重要性是有差别的[4](曾刚等,2006)。基于此,本章详细刻画东营市石油装备制造业创新网络的拓扑结构和空间结构,着重探讨各空间尺度上创新联系的重要性程度以及影响因素。

# 第一节

## 数据来源及处理方法

本章合作专利的数据来源于国家知识产权局专利检索与服务系统中的重点产业专利信息服务平台(http://www.chinaip.com.cn/)。专利数据筛选的标准及处理方式:①专利数据的时间和范围界定。本章调研时间在

---

[1] Bathelt H, Malmberg A, Maskell P. Clusters and knowledge: local buzz, global pipelines and the process of knowledge creation [J]. Progress in Human Geography, 2004, 28 (1): 31-56.

[2] 李丹丹, 汪涛, 周辉. 基于不同时空尺度的知识溢出网络结构特征研究 [J]. 地理科学, 2013, 33 (10): 1180-1187.

[3] 吕国庆, 曾刚, 郭金龙. 长三角装备制造业产学研创新网络体系的演化分析 [J]. 地理科学, 2014, 34 (9): 1051-1059.

[4] 曾刚, 林兰, 樊鸿伟. 论技术扩散的影响因子 [J]. 世界地理研究, 2006, 15 (1): 1-8.

2013年，且由于专利申请日到公开日需要18个月，在2013年12月以后的数据并不完全，因此本章提取数据的截止日期为2013年12月。由于东营市石油装备制造业搜索到的第一个专利出现在1988年，故时间限定在1988~2013年。此外，国外和港澳台地区的联合申请专利不在讨论范围之内。②专利合作揭示了创新主体间存在技术交流。若合作者分属于不同机构，则说明行为主体间出现了知识流动，其机构构成了创新网络中的节点，合作次数构成了节点间的关系数目。③对创新合作主体的筛选和区分。本章探讨产学研和企业组织间的合作关系，因此专利中出现的个人、政府部门等行为主体不属于本章的研究对象。此外，某一专利条目中的创新合作主体应分属2个不同的机构，如果大学和科研机构同自己下属或控股的企业联合申请专利，或者几个机构间存在同属关系，本章将不予考虑；若某一专利拥有3个或以上的合作机构，其中某几个机构又存在同属关系，那么本章将按重要性只保留同属关系中最重要的那个机构，即专利条目中首先出现的机构。经过筛选，最终确定的专利数为354项，涉及创新主体222个。

合作发表论文的数据采用中文科技期刊数据库（重庆维普期刊）中收录的合作发表于石油与天然气工程领域的论文数据作为数据源，并在高级检索中加入限定条件"机构=东营"且"题名或关键词=装置"或"题名或关键词=设备"或"题名或关键词=装备"或"题名或关键词=机械"得到初步搜索结果。之后与专利筛选方法进行同样操作，最终确定的论文数为393项，涉及创新主体451个。

本章将空间尺度分为本地（市域）、区域（省域）和国家3个层面进行分析。在地理距离分析中，主体的基本信息通过各自的注册记录得到，并在网站上进行二次确认。对于东营市与其他城市之间的距离，本章根据国家测绘局公布的国家基础地理信息系统中的1:400万地形数据库，通过Arcview 310软件整理得到；对于东营市内的主体间距离，本章使用Google Earth软件中的测距功能得到。

由图6-1可以看出，研究时段内东营市石油装备制造业合作论文和合作专利的数量和合作主体数量的变化大致呈现一致性趋势。合作专利数和主体数在2000年、2007年和2012年三个时间节点上有较大幅度的提升，而合作论文数和主体数在2000年有显著增长,之后处于波动变化的阶段。两者曲线变化趋势与几个标志性事件有关:2000年,我国开始实施科教兴国战略,大学和科研院所开始在基础研究和研发应用中扮演重要角色,产学研专利合作数从2000年之前占比不足30%增长到2005年的50%,而产学研合作发表论文方面的比例一直稳定在90%以上;2006年,国务院印发《关于加快振兴装备制造业的若干意见》,东营市市政府积极贯彻落实,东营市石油装备制造业得以进一步的发展和提升;2012年,石油装备制造业的国际环境良好,原油价格高居不下,发展势头十分强劲。东营市抓住发展机遇,着力培育发展前景好的重点企业,不断完善和发展科技创新体系,进一步优化区域发展环境,出台了一系列企业优惠扶持政策,极大地

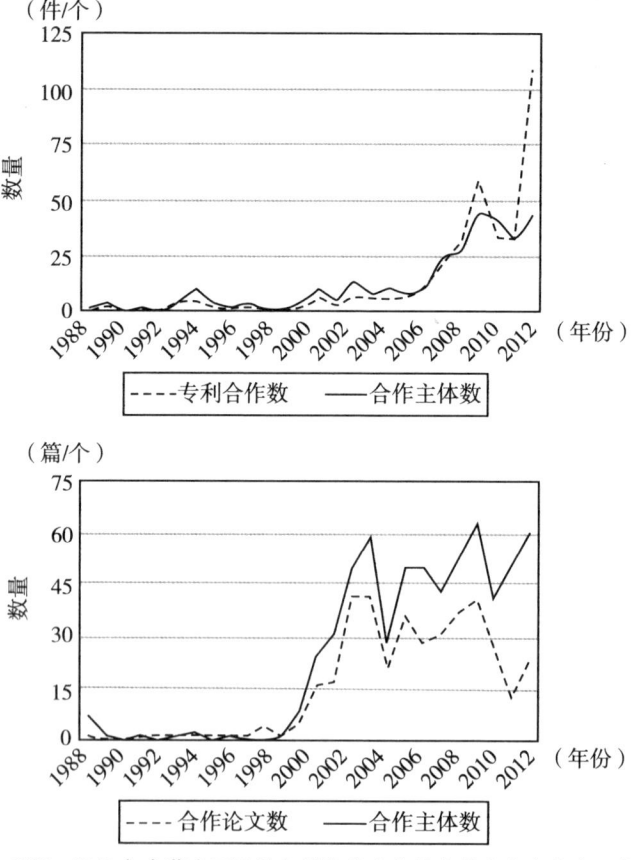

图6-1 1988~2013年东营市石油装备制造业合作发表论文和合作发明专利情况

资料来源:国家知识产权局网站;重庆维普期刊数据库。

第六章 东营市石油装备制造业创新网络的结构特征分析

激发了石油装备企业及其他创新主体的主观能动性和积极性[①]（东营石油装备制造业情况调研报告，2014），创新合作活动也日趋频繁。

## 第二节 东营石油装备制造业网络主体的整体情况

从表6-1和表6-2可以看出，东营市石油装备制造业创新主体主要以国有企业为主，比例高达57.13%；合作对象的选择也主要以企业为主，其中国有企业和民营企业所占比例最高，分别为21.48%和16.48%，此外与高校的合作也很多。改制企业和民营企业的比例相当，其合作伙伴都集中于国有企业。

表6-1　东营市石油装备制造业合作伙伴的主体类型情况　　　单位：%

| 合作伙伴<br>东营企业 | 高校 | 科研院所 | 国有企业 | 改制企业 | 民营企业 | 合计 |
| --- | --- | --- | --- | --- | --- | --- |
| 国有企业 | 12.24 | 3.70 | 21.48 | 8.23 | 11.48 | 57.13 |
| 改制企业 | 1.85 | 0.92 | 13.93 | 3.46 | 0.92 | 21.08 |
| 民营企业 | 4.24 | 2.93 | 10.24 | 0.69 | 3.70 | 21.80 |
| 合计 | 18.33 | 7.55 | 45.65 | 12.38 | 16.10 | |

资料来源：作者自行整理所得。

表6-2　东营市石油装备制造业合作伙伴的空间分布情况　　　单位：%

| 合作伙伴<br>东营企业 | 本地（市域） | 区域（省域） | 国家 | 合计 |
| --- | --- | --- | --- | --- |
| 国有企业 | 27.94 | 4.85 | 24.34 | 57.13 |
| 改制企业 | 15.77 | 3.23 | 2.08 | 21.08 |
| 民营企业 | 14.71 | 2.01 | 5.08 | 21.80 |
| 合计 | 58.42 | 10.09 | 31.50 | |

资料来源：作者自行整理所得。

---

[①] 东营市招商局国内投资促进中心.东营石油装备制造业情况调研报告［C］.http://www.mpbdy.gov.cn/.

从合作伙伴的空间分布看，本地尺度的合作伙伴最多，其次是国家尺度，比例分别为 58.42% 和 31.50%；对于东营不同类型石油装备企业而言，国有企业在本地和国家尺度的创新联系都在 1/4 左右，而改制企业和民营企业的空间联系较多地集中于本地尺度（见表 6-3）。

表 6-3　　　　　1988～2013 年东营市石油装备制造业
　　　　　　　　创新联系的地理平均距离　　　　　　单位：千米

| | 第一阶段<br>1988～2000 年 | 第二阶段<br>2001～2007 年 | 第三阶段<br>2008～2013 年 | 全时间段<br>1988～2013 年 |
| --- | --- | --- | --- | --- |
| 本地尺度 | 15.3 | 13.1 | 10.0 | 11.5 |
| 区域尺度 | 229.3 | 228.4 | 180.6 | 211.9 |
| 国家尺度 | 787.5 | 599.3 | 570.4 | 608.8 |
| 全尺度 | 434.4 | 311.2 | 252.9 | 310.3 |

资料来源：作者自行整理所得。

本章对东营市石油装备制造业创新主体间的合作距离进行了分析。研究发现，1988～2013 年，东营市石油装备制造业创新联系的总体地理平均距离从第一阶段的 434.4 千米减少到第三阶段的 252.9 千米，其中本地尺度的平均地理距离从第一阶段的 17.3 千米减少到第三阶段的 13.3 千米，区域尺度从第一阶段的 229.3 千米减少到第三阶段的 180.6 千米，国家尺度从第一阶段的 434.4 千米减少到第三阶段的 252.9 千米。主体创新联系的地理距离在各个尺度上呈现出下降的态势。

从图 6-2 可以看出，1988～2013 年东营市石油装备制造业专利和论文呈现出不同程度的核心—边缘结构，创新主体的抱团集聚现象明显。以专利网络为例，利用 Ucinet 6.0 对专利合作网络进行群簇分析，可以发现：中国石油化工股份有限公司、山东赛瑞石油科技发展有限公司、胜利油田胜利勘察设计研究院有限公司、中国石油大学（华东）、山东科瑞石油装备有限公司、山东胜利石油石化装备研究中心、北京化工大学等是几个联系次数多、合作对象广泛和网络中心度较高的创新主体，而这些主体又形成了几个明显的创新网络群簇：Ⅰ群簇，以中国石油化工股份有限公司、山东赛瑞石油科技发展有限公司和胜利油田胜利勘察设计研究院有限公司为中心的群簇；Ⅱ群簇，以山东科瑞石油装备有限公司和山东胜利石油石化装备研究中心为中心的群簇；Ⅲ群簇，以胜利油田孚瑞特石油装备有限公司为中心的群簇；Ⅳ群簇，以中国石油大学（华东）为中心的群簇；Ⅴ群簇，以胜利油田胜利工程设计咨询有限公司为中心的群簇（见表6-4）。

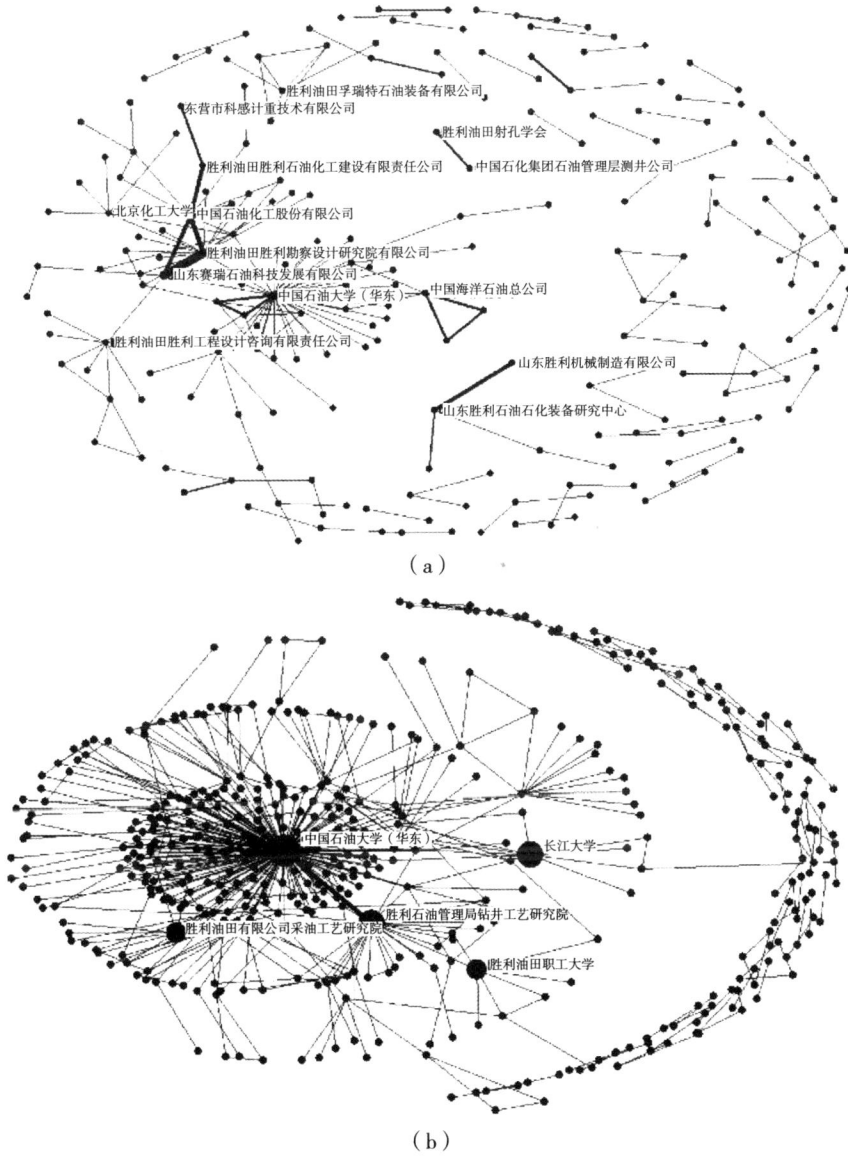

图6-2　1988~2013年东营市石油装备制造业专利（a）和论文（b）合作网络拓扑结构

资料来源：作者自行整理所得。

表 6-4　1988~2013 年东营市石油装备制造业主要群簇和创新主体情况

| 网络群簇 | 关键创新主体 | 网络形态 | 网络封闭程度 | 合作伙伴 主要伙伴名称 | 合作伙伴 空间分布 | 联系强度 |
|---|---|---|---|---|---|---|
| Ⅰ | 中国石油化工股份有限公司 山东赛瑞石油科技发展有限公司 胜利油田胜利勘察设计研究院有限公司 | | 高 | 胜利油田胜利石油装备有限公司 东营博斯曼石油科技开发有限公司 | 大部分在本地 | 强 |
| Ⅱ | 山东科瑞石油装备有限公司 山东胜利石化装备研究中心 | | 高 | 山东恒亚石油新技术应用有限公司 | 大部分在本地 | 强 |
| Ⅲ | 胜利油田孚瑞特石油装备有限公司 | | 中 | 攀钢集团成都钢钒有限公司 胜利油田射孔工学会 中国石油大学（华东） | 大部分在本地，少部分在国家尺度 | 弱 |
| Ⅳ | 中国石油大学（华东） | | 低 | 中国石油化工股份有限公司 中国海洋石油总公司 东营市芳华石化科技有限责任公司 东营市石大宇光科技有限责任公司 | 全尺度分布 | 中 |
| Ⅴ | 胜利油田胜利工程设计咨询有限公司 | | 低 | 胜利石油管理局钻井工艺研究院 胜利油田胜利勘察设计研究院 | 大部分在本地 | 弱 |

注：红色圆圈代表群簇中的关键主体，蓝色圆圈代表主要的合作伙伴，线条粗细代表联系强度。

资料来源：作者自行整理所得。

Ⅰ群簇的关键创新主体是中国石油化工股份有限公司、胜利油田胜利勘察设计研究院有限公司和山东赛瑞石油科技发展有限公司。中国石油化工股份有限公司是国有企业,胜利油田胜利勘察设计研究院有限公司是中石化下辖子公司,山东赛瑞石油科技发展有限公司是民营企业。主要的创新合作伙伴是胜利油田胜机石油装备有限公司、东营博斯曼石油科技开发有限公司,前者是胜利油田改制分流企业,后者是东营本地民营企业。这一群簇的网络呈现多个主中心体多向强联系、副中心与主中心单向强联系、周圈其他节点环绕交织的密集网络形态,网络结构复杂,联系强度大。主体的创新联系几乎都在本地,区域化特征显著。

Ⅱ群簇的关键创新主体是山东科瑞石油装备有限公司、山东胜利石油石化装备研究中心。山东科瑞石油装备有限公司是本地著名的民营企业,山东胜利石油石化装备研究中心是东营当地著名的科研院所,隶属胜利油田。主要的创新合作伙伴是山东恒业石油新技术应用有限公司,企业所有制形式为民营企业。这一群簇的网络呈现主中心体单向强联系的网络形态,网络中涉及的创新主体极少,网络结构极其简单,除关键创新主体间的创新联系强度较大以外,其他主体间的创新联系十分微弱,创新联系的本地化特征显著。

Ⅲ群簇的关键创新主体是胜利油田孚瑞特石油装备有限公司,其前身为中国石化集团胜利石油管理局工程机械总厂,2005年5月按照中石化集团改制政策,完成了股份制改造并成立了有限责任公司。主要的创新合作伙伴是国有企业攀钢集团成都钢钒有限公司、本地行业协会胜利油田射孔学会和本地高校中国石油大学(华东),群簇创新主体较为多样。网络中的几个创新主体交织在一起,但联系强度较弱,网络结构的复杂程度一般。主体的创新联系大部分是在本地,也有少部分是跨区域的创新联系。

Ⅳ群簇的关键创新主体是东营本地高校——中国石油大学(华东)。中国石油大学(华东)是国内石油石化和设备研发方面专业遥遥领先的高校,2014年中国石油大学(华东)研发人员全时当量1847人·年,科技经费投入总计6.65亿元,当年内部经费支出6.30亿元,在所有有石油类专业高等院校中排名首位，知识创造和技术创新能力极强。主要的创新合作伙伴是中国石油化工股份有限公司、中国海洋石油总公司、东营市芳华石化科技有限责任公司、东营市石大宇光科技有限责任公司等。关键主体与其他创新主体的联系大部分是单向弱联系，只与国有企业中国石油化工股份有限公司和中国海洋石油总公司联系强度较大，网络联系并未交织，结构呈现发散状分布。网络总体联系强度中等，合作伙伴的空间分布是全尺度的，创新联系的空间分布较为均匀。

V群簇的关键创新主体是胜利油田胜利工程设计咨询有限公司，企业性质为国有企业。主要的创新合作伙伴是胜利石油管理局钻井工艺研究院和胜利油田胜利勘察设计研究院，前者是隶属于国有企业的科研院所，后者为科研院所改制后分流形成的改制企业。可以看出，以胜利油田胜利工程设计咨询有限公司为中心形成的子网络，其结构与以高校——中国石油大学（华东）——为中心的网络结构相似，只是密集程度略显不足。网络联系的强度较弱，关键主体与其他创新主体的联系大部分是单向联系，网络结构呈现放射状，合作伙伴的空间分布集中于本地。

从以上整体网络的分析中，我们可以看出，东营市石油装备制造业的创新主体以少数国有企业为主，改制企业和民营企业数量相当，但产出较少。创新联系的空间范围高度地集中于本地尺度。从网络群簇分析来看，国企和高校的创新网络结构较为密集，但国企多个创新主体间的交织关系明显，且强度较大；而高校的创新联系则是单向弱联系，网络呈现出放射状。改制企业和民营企业的网络结构较为稀疏且结构单一，民营企业的合作伙伴少但联系强度较强，而改制企业的合作伙伴多但联系强度弱。此外，除了高校的创新网络呈现全尺度的分布态势，其他行为主体创新网络的空间联系尺度几乎都在本地。

## 第三节

### 不同空间尺度的创新网络结构分析

产业集群是一种创新网络的特殊表现形式，经济地理学和区域科学学者十分关注地理邻近或地理距离对于创新和网络形成的探讨，并认为创新

## 第六章 东营市石油装备制造业创新网络的结构特征分析

合作伙伴的搜寻通常在一定空间范围内开展[①]（Ter Wal，2013）。基于创新网络的行为主体视角，第二节对网络的整体结构及相关群簇进行了分析。本节将从空间视角入手，对东营市石油装备制造业创新网络的情况进行分析，探索创新网络中不同行为主体在不同空间尺度上的分布和结网情况。

在国家尺度，东营石油装备企业与京津、沈阳、武汉、西安、成都等地联系密切，这些城市要么石油装备工业基础较好，要么石油专业和理工科高校林立，创新能级较高，即使东营与这些城市的地理距离都在1000.0千米以上，但仍然是东营市石油装备制造企业创新合作的首选地（见表6-5）。因此上海装备制造企业更加倾向于与这些地区的创新主体发生结网行为，5个地区的合作占比达到了70%以上。可见，宏观尺度上主体创新能级对于创新网络的空间特征具有决定性作用，而地理距离显得不那么重要，网络结构呈现跳跃式的等级辐射特征。

表6-5 东营市石油装备企业国家尺度联系城市创新能级情况

| 联系城市 | 联系次数 | 2013年理工科院校"50强" | 2013年石油装备企业"50强" |
| --- | --- | --- | --- |
| 京津地区 | 190 | 10 | 5 |
| 沈阳地区 | 35 | 2 | 3 |
| 武汉地区 | 30 | 4 | 4 |
| 西安地区 | 27 | 5 | 3 |
| 成都地区 | 16 | 3 | 3 |
| 占比（%） | 70.4 | 48.0 | 36.0 |

资料来源：中国机械工业年鉴编辑委员会，中国石油和石油化工设备工业协会《中国石油石化设备工业年鉴2014》；中国校友会网《2014中国大学评价研究报告》。

在区域尺度，东营与德州、青岛、威海、济南等创新能级较高城市联系密切。青岛有中国石油大学（华东）青岛分校区，德州、威海两地的经济发展水平高，装备制造工业的基础较好。济南不仅有诸如山东大学这样的著名理工类和综合型大学，且自身工业基础也好，因此主体能级的影响

---

[①] Ter Wal A L J, Boschma R A. Co-evolution of Firms, Industries and Networks in Space [J]. Regional Studies, 2011, 45 (7): 919–933.

比较显著。此外,东营石油装备制造业也与淄博、潍坊、滨州等邻近城市有联系,这些地区一方面同样也是胜利油田所在地;另一方面则是邻近效应的影响,创新联系也较为频繁。总体而言,区域尺度上创新联系受创新主体能级和地理邻近的作用影响同等重要,网络结构呈现等级辐射和扩展扩散并重的局面(见图6-3)。

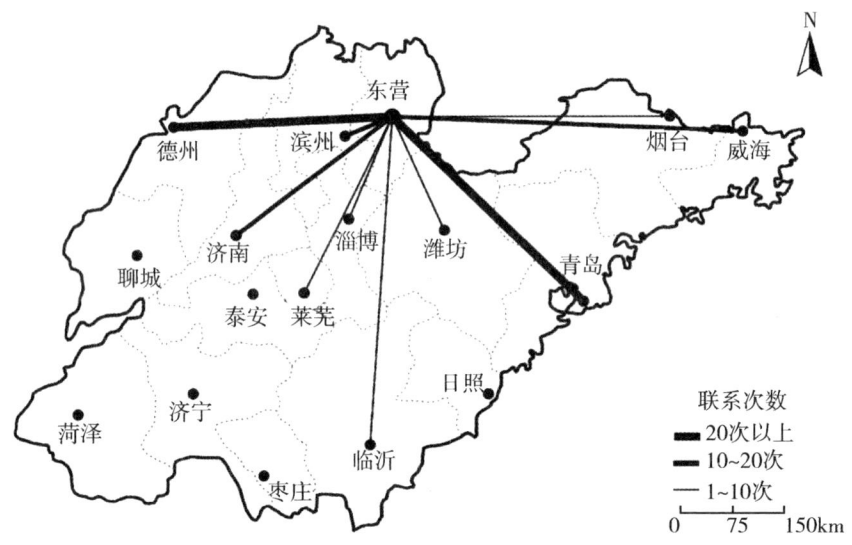

**图6-3 1988~2013年东营市石油装备制造业区域创新网络空间结构**
资料来源:作者自行整理所得。

在本地尺度,创新主体呈现出高度集聚的空间分布态势(见图6-4)。企业、高校和科研院所等创新主体主要集中于5个集聚区:东部的东营经济技术开发区、西部的胜利经济开发区、中部的垦利胜坨工业园区和垦利经济开发区、北部的河口经济开发区。1988~2013年,东营市本地创新联系的90%都集中于这5个集聚区内,地理邻近性扮演十分重要的角色。

这种现象的出现与企业所有制、区域历史发展轨迹、政府管制是密不可分的。在东营市石油装备制造业发展初期,装备制造企业数量少且一般是高技术能级的大型国企,它们在计划经济体制下专为国家经济建设服务,创新合作带有政策导向。随着社会主义市场经济的深入,胜利油田进行分流重组而衍生出许多改制企业,这些衍生出来的改制企业在空间上仍布局于胜利油田周边,与合作伙伴的地理联系距离很近;而近年来东营市

第六章 东营市石油装备制造业创新网络的结构特征分析

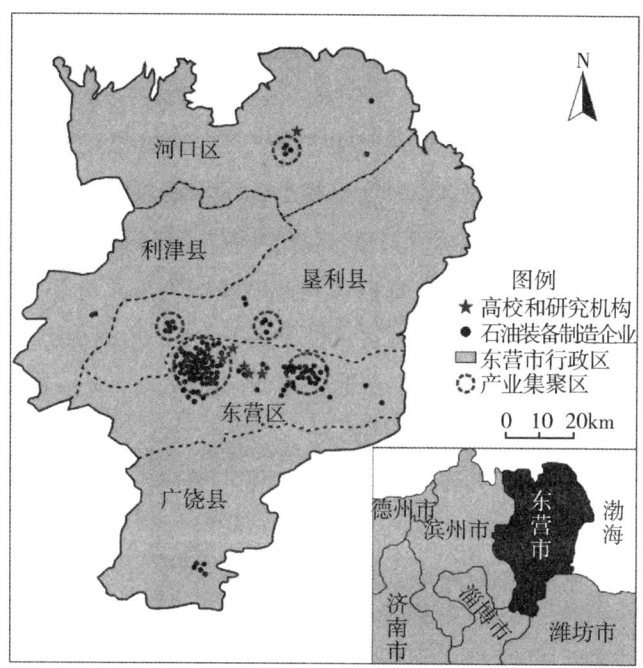

**图 6-4 2013 年东营市石油装备制造业创新主体分布图**

资料来源：东营市工商局产业集群查询平台（http://www.dygs.gov.cn/searchlist.aspx）。

政府相关部门推行的土地规整和产业区开发区建设的政策，将许多企业归并入园区进行集中管理，这使企业间的合作变得更加容易和频繁，企业间的合作距离也显著缩减，地理邻近成为本地尺度上创新主体间进行结网的主要影响因素。

## 第四节

### 网络封闭性与企业创新绩效

由于合作发明专利属于任意非负整数，是典型的计数数据，它不再服从正态分布，而可能是泊松分布或负二项分布[①]（Hausman et al., 1984），

---

① Hausman J, Griliches Z. Econometric models for count data with an application to the patents-R&D relationship [J]. Econometrica, 1984, 52 (4): 909-938.

基于传统的投入产出关系模型，本节建立了以下计量模型以探讨创新投入、企业属性、网络封闭性对企业创新绩效的影响。

$$E(Y_i) = \exp(\partial_i + \alpha_1 \text{input} + \alpha_2 \text{firm} + \alpha_3 \text{closure} + \varepsilon_i)$$

其中，i 表示第 i 家企业，$Y_i$ 表示第 i 家企业于研究时间段内的创新绩效；$\alpha_1$、$\alpha_2$、$\alpha_3$ 分别为待估值系数，$\varepsilon_i$ 代表不可观测效应。input 指企业的创新投入，包含企业的研发人员投入和经费投入；firm 指企业属性，包含企业所有制和企业经验；closure 表示网络的封闭性，由网络的空间结构和拓扑结构组成。变量选取的基本情况如表 6-6 所示。

表 6-6　　　　　　　变量和指标选取的基本情况

| 变量 | 表征指标及解释 | 数据来源 |
| --- | --- | --- |
| 创新绩效 | 企业新产品产值占年销售收入的比重 | 问卷调查、网络搜集 |
| 创新投入 | 研发人员占企业员工总数的比重；研发经费占销售收入的比重 | 问卷调查 |
| 企业属性 | 国有/改制企业和其他企业；1 为国有/改制企业，0 为其他企业 | 合作发明专利数据库 |
| | 企业经验：企业出现在专利合作中的年数 | |
| 网络封闭性 | 网络拓扑结构，用每个企业在创新网络中的自我中心密度表示，其取值在 0~1 之间；网络封闭性受网络的密度、规模、非直接联系和等级结构的影响，自我中心密度揭示了创新主体在网络中受到的制约程度，自我中心密度越高，受到的制约就越多，主体从合作关系中撤出的可能性就越小，可利用"结构洞"的自由度就越低 | 合作发明专利数据库 |

续表

| 变量 | 表征指标及解释 | 数据来源 |
|---|---|---|
| 网络封闭性 | 网络空间结构,用创新网络中本市合作主体占比表示;本地合作伙伴的占比揭示了企业合作的空间选择性,占比越高表示企业合作更具区域化的特点,封闭性和内生性越强 | 合作发明专利数据库 |

注：Burt RS. Structural holes versus network closure as social capital [M]. in Nan lin et al. (·ed)., Social capital: theory and research, 2001.

［荷兰］沃特·德·诺伊等著,林枫译. 社会网络分析技术（第二版）［M］. 北京：世界图书出版公司,2014：147.

资料来源：作者自行整理所得。

本书首先对各变量进行了描述性统计分析并计算了各变量的 Person 相关系数,表 6-7 列出了分析结果。我们可以发现,自变量与因变量间存在显著的相关关系,且各变量区分效度良好。由于选取的因变量是计数变量,因此本书选取负二项回归模型进行分析。图 6-5 列出了东营市石油装备制造业创新产出、创新投入和网络封闭性的关系图。

表 6-7  描述性统计分析和相关系数矩阵

| N = 31 | 创新绩效 | 人员投入 | 经费投入 | 企业性质 | 企业经验 | 拓扑结构 | 空间结构 |
|---|---|---|---|---|---|---|---|
| 创新绩效 | 1 | | | | | | |
| 人员投入 | 0.117* | 1 | | | | | |
| 经费投入 | 0.093 | 0.361 | 1 | | | | |
| 企业性质 | 0.050* | -0.083 | 0.632 | 1 | | | |
| 企业经验 | 0.131 | 0.034** | -0.398 | 0.389* | 1 | | |
| 拓扑结构 | 0.125* | -0.305 | 0.732** | 0.265 | -0.248 | 1 | |
| 空间结构 | 0.022* | -0.087 | 0.385 | -0.141 | -0.268 | 0.298* | 1 |
| mean | 0.306 | 0.206 | 0.058 | 0.642 | 2.857 | 0.604 | 0.414 |
| S.D. | 0.216 | 0.103 | 0.019 | 0.358 | 1.467 | 0.327 | 0.266 |

注：显著性水平 * 表示 $P<0.10$,** 表示 $P<0.05$。

资料来源：作者自行整理所得。

表 6-8 展示了负二项回归的分析结果。模型Ⅰ只包含研发人员投入和经费投入;模型Ⅱ考虑了企业性质和企业经验;模型Ⅲ、模型Ⅳ分别考虑网络封闭性的两个指标;模型Ⅴ则同时考虑了空间结构和拓扑结构的影响。

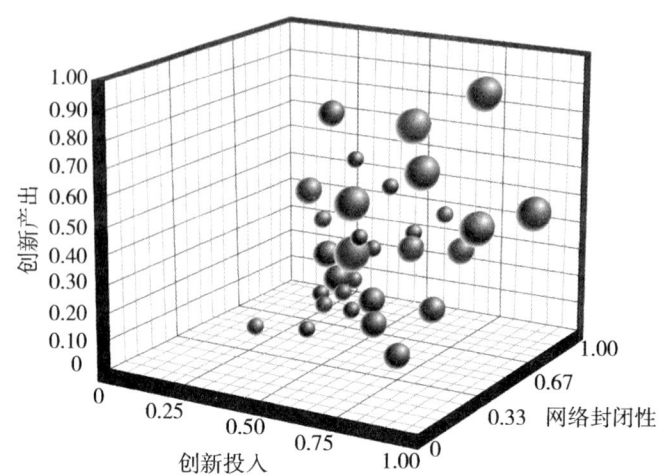

圆圈大小代表企业规模，灰色代表国有/改制企业，深色代表其他企业

**图 6-5　1988~2013 年东营市石油装备制造业创新产出、创新投入和网络封闭性的关系**

资料来源：作者自行整理所得。

| 表 6-8 | | 负二项回归结果 | | | |
|---|---|---|---|---|---|
| N = 31 | Ⅰ | Ⅱ | Ⅲ | Ⅳ | Ⅴ |
| 人员投入 | 0.708<br>(0.005)** | 0.622<br>(0.010) | 0.472<br>(0.001) | 0.532<br>(0.000) | 0.563<br>(0.009)* |
| 经费投入 | 0.583<br>(0.029)* | 0.923<br>(0.047)* | 0.408<br>(0.033) | 0.701<br>(0.032)* | 0.841<br>(0.022)* |
| 企业性质 | | 0.343<br>(0.012) | 0.426<br>(0.044)* | 0.170<br>(0.049) | 0.600<br>(0.131)* |
| 企业经验 | | 0.801<br>(0.005) | -0.517<br>(0.011) | -0.179<br>(0.035) | 0.387<br>(0.027) |
| 拓扑结构 | | | 0.358<br>(0.002) | | 0.204<br>(0.012)* |
| 空间结构 | | | | 0.189<br>(0.039)** | 0.216<br>(0.051)** |
| 常数 | 0.694 | 2.544 | 7.163 | 2.823 | 3.876 |
| F 统计量 | 85.607** | 55.116** | 70.061** | 12.948** | 32.776** |
| 调整 $R^2$ 统计量 | 0.316 | 0.363 | 0.428 | 0.295 | 0.425 |

注：括号内为标准误差，显著性水平 * 表示 $P<0.1$，** 表示 $P<0.05$。

资料来源：作者自行整理所得。

## 第六章 东营市石油装备制造业创新网络的结构特征分析

从表 6-8 中分析结果我们可以看出，模型 I 是只考虑区域内研发投入的基本知识生产函数，结果表明企业的人员投入和经费投入对创新影响显著，东营市石油装备制造企业的人员投入每增长 1%，企业的创新产出就会增长 7%；经费投入每增长 1%，企业的创新产出就会接近增长 6%。由此可见，企业的创新投入对创新产出会产生显著影响，这与以往文献的研究结果一致。

模型 II、模型 III、模型 IV 在模型 I 的基础上逐步纳入了企业属性和网络封闭性等变量。模型 II 考察了企业性质和企业经验影响下的创新绩效。未加入空间封闭性变量之前，两者对创新产出呈现不显著的正向影响，但在加入空间封闭性变量之后，企业性质的稳定性变强，而企业经验的稳定性变差且呈现出反向效果；模型 III、模型 IV、模型 V 揭示了网络封闭性对企业创新产出的影响。我们可以看到，拓扑结构的封闭性与创新产出呈现出不显著的正相关关系，空间结构的封闭性则存在着强烈的正相关效应，而且在加入所有其他之后稳定性依旧，其弹性系数大约在 0.2 以上；模型 V 将人员投入、经费投入、企业性质、企业经验、拓扑结构、空间结构一起纳入分析，结果是网络封闭性和创新投入显示出极强的创新产出效应，这表明对于东营市石油装备制造业而言，网络结构的封闭性和空间的内生性带来了创新良好的企业创新绩效。企业性质和企业经验分别显示出显著和不显著的正向相关性，这表明石油装备制造业中国有企业和改制企业的创新产出更高。

综上所述，我们可以得出有关东营市装备制造业创新产出分析的总体结果：各个企业的新产品产出与自身的创新投入具有明显关联，关注本地尺度的创新合作联系更能提升企业创新绩效，而跨区域尺度中何种尺度的合作更有利于创新还未可知；在"结构洞"和封闭性何种网络结构更能促进创新绩效的争论中，本书通过对东营市石油装备制造企业的研究可以发现：受制约越多的企业越不容易退出创新网络，久而久之形成的强联系会带来更多的信任和互惠，在降低主体间交易风险的同时增强企业的信息获取能力。由于信息质量会随着人与人、企业与企业之间的传递而下降，因此具有更多直接联系的网络结构能够改善生产者之间的交流，创新主体也不会借助占据"结构洞"的优势而出现"寻租"、控制和投机的情况，此外，国有企业和改制企业数量的增多对创新产出也非常重要。

# 本章小结

本章利用国家知识产权局专利检索与服务系统中的重点产业专利信息服务平台发布的 1988～2013 年东营市石油装备制造业的合作发明专利数据，借助 UCINET、ARCGIS、Coreldraw 等定量分析和可视化工具，对东营市石油装备制造业的创新网络结构进行分析，得出以下三点结论：

①东营市石油装备制造业的创新主体以国有企业和改制企业为主，创新联系的空间范围高度集中于本地尺度，国有企业的伙伴选择高度集中于某几个创新主体，改制企业和民营企业的网络结构较为稀疏且结构单一，企业网络的封闭性特点极为突出。本地石油类高校在创新网络中发挥重要作用，虽然联系强度较弱且密集程度一般，但是创新合作的空间范围很广，合作主体呈现多样化的特点。

②各要素对东营市石油装备制造业创新网络的空间结构的影响各不相同。在国家尺度，主体创新能级是东营市装备制造业网络结网行为的主要影响因素，而地理距离在其中并不起作用，网络结构呈现"跳跃式"的等级辐射特征；在区域尺度，主体创新能级和地理邻近都比较重要，网络结构呈现等级辐射和扩展扩散并重的格局；在本地尺度，创新主体的集聚特征显著，地理邻近的重要性极为突出。

③东营市石油装备制造业的创新网络与以往认识存在很大不同[①②③]（孙耀吾、贺石中，2013；彭华涛等，2014；赵立雨、张彦海，2016）。东营市封闭性的创新网络却有着较好的创新环境评价和创新产出，以往提倡创新网络的开放式合作并不适用于特定地区的特殊产业。那么，这种封闭式的创新网络背后存在着何种内在联系途径和机理？本书将在第七章对这一问题进行探讨。

---

① 孙耀吾，贺石中．高技术服务创新网络开放式集成模式及演化——研究综述与科学问题[J]．科学学与科学技术管理，2013，34（1）：48-55．

② 彭华涛，BertSadowski，PengHuatao，等．开放式创新网络形成及演化的探索性案例研究[J]．科研管理，2014，35（8）：51-58．

③ 赵立雨，张彦海．创新网络环境下开放式创新与企业创新绩效关系研究[J]．科技进步与对策，2016（2）：99-102．

# 第七章

# 东营市石油装备制造业创新网络的内在机理

区域竞争力的塑造不仅是经济总量的增长,也是区域创新体系各要素的相互协调发展。东营石油装备制造企业在空间集聚的过程中,形成了极富竞争力的产业集群,企业、高校、科研院所和政府之间的密切联系交织形成一个巨大的创新网络,保证了区域集聚竞争优势和创新能力的产生。在产业集聚过程中涉及的知识创新、转移和技术扩散,主体间交织结成的各类网络已成为推动区域可持续发展的重要影响因素,也影响到区域经济优势的获得。区域发展的成功典范如美国硅谷、日本筑波、中国的台湾新竹和北京中关村无一不是如此。

由于受到制度、市场和文化环境等多重因素的影响,关系网络在中国情境下的创新合作中具有非常明显的作用。企业在发展网络关系的过程中,也会利用基于个人关系的非正式联系进行结网。与此同时,网络中创新主体的合作研发活动和市场行为会被关系网络不断强化,进而出现路径依赖的现象。伴随着创新活动的推进,网络关系间的信任机制可以对网络成员的行为起到约束作用,网络关系也由弱联系变成强联系。

科尔曼(2000)在社会资本理论的基础上提出了网络封闭性的核心论点:网络中每个行为主体都被连接,没有主体能够逃避其他主体注意的具有封闭性的网络,即专业术语中的密集性网络,它是社会资本的来源。

网络封闭性对于封闭网络中的主体来说有诸多好处。首先，它影响了信息的获取，特别是对隐性知识的获取帮助极大。由于信息质量会随着主体与主体之间的传递而下降，因此具有更多直接联系的网络结构能够改善主体之间的交流合作。其次，网络封闭性能够产生约束力，降低主体间因相互信任而产生的风险。如果团体成员间缺乏高度信任，这个团体就无法存活。通过推动有效约束的建立，密集网络结构能促进信任和规范形成。例如，约束力使拥有共同合作伙伴的企业间变得更加信任。一旦封闭网络内某个企业出现问题，网络内的其他成员也会敬而远之甚至产生憎恶的态度。

一些经济地理学家也提到了过度的区域根植性会产生锁定的风险，这些观点指出了区域忽略外部技术的发展而降低其创新能力的情况。而"结构洞"理论的支持者则认为处于"结构洞"位置充当信息桥作用的行为主体能够跨越不同的信息源，将处于其他地理区位的知识向区域内进行传递，受到约束较少、自由度较高的开放式创新能够显著提升主体创新能力和绩效。

那么，对于封闭性程度较高的东营市石油装备制造业而言，其创新特点和内在机理又是如何？在以儒家文化为背景的中国网络组织中，其封闭性不仅包含着基于市场交换关系的企业网络的封闭，而且包含着基于社会关系的企业网络的封闭。有鉴于此，本书以东营市石油装备制造企业问卷调查和实地访谈的一手数据为基础，尝试定性地探究封闭式创新网络的内在机理、联系途径和作用机制。

# 第一节

## 调研实施

实地调研采用问卷调查与企业访谈相结合的质性研究方法，调研分两次进行。

第一次实地调研时间为 2013 年 6 月 6 日至 6 月 10 日，本人跟随课题组对东营石油装备产业集群的 17 家代表性企业进行了访谈，具体采用座谈会的形式。在面对面访谈过程中，首先由企业负责人对企业的发展历程、基本情况、未来计划、工作重点、创新发展情况、创新合作伙伴等进行了详细介绍，时间在20~30分钟，之后课题组成员与企业负责人员进行自由式的互动问答，时间在40~90分钟不等。值得一提的是，课题组调研过程是在东营市发改委部门工作人员的随行陪同和帮助下完成的，他们就当地政府如何扶持本地企业、产业发展整体情况以及工作中的重难点等问题进行了非正式的交流，对我们深入了解东营市石油装备制造业的情况提供了巨大的帮助。

访谈内容涉及企业发展地位、与同行企业交流情况、企业落户原因及未来拓展计划、本地的上下游企业配套情况、外地供应商与客户联系情况、大学与科研机构合作交流情况、新产品的生产与市场销售情况、企业新产品的研发情况、企业研发人员和资金投入、企业竞争的优劣势、企业员工及其流动情况、对本地政府的态度和建议等方面。

第二次实地调研时间2013年9月17日至19日，前往第六届中国（东营）国际石油石化装备与技术展览会进行问卷调查，共发放问卷26份，回收26份，回收率100%。与此同时，对第一次调研的部分企业进行了回访，时间在30分钟左右。在调研实施过程中，本着"先发放后访谈"的基本原则，调研组成员耐心向受访人员解释每个题项，问卷的填写者选取企业的高级管理人员或工程技术人员。每份问卷都做到了"当面填写、直接回收"。然后，将所有问卷进行编号、录入数据库，并通过网络资源和先前访谈资料对受访企业的基本信息进行核实，验证问卷的可信度，保留有效问卷。

问卷内容涉及三大部分：第一部分是关于企业产品的主要信息，重点关注最新与销售量最高产品的情况；第二部分是企业创新合作网络情况，主要调查目标企业主要的创新合作伙伴、创新水平的评价以及政府对创新的扶持力度；第三部分关于公司的基本信息，其中涉及企业所在城市、所有制、规模、成立时间、研发资金与人员投入、企业的融资渠道等方面。

经过上述调研实施，得到东营市石油装备制造业受调研企业的基本情况（见表7-1）。考虑到东营市石油装备制造业的特殊性和发展历史，笔者还对部分东营市石油装备改制企业进行了整理（见附表1）。

表7-1　　　　　　　访谈及问卷调查企业的基本情况

| 企业类型 | 企业数量/个 | 企业名称 |
| --- | --- | --- |
| 大型企业 | 4 | 科瑞、胜利高原、胜利胜动、胜利孚瑞特 |
| 中型企业 | 15 | 胜利泵业、威玛、威兰德、海胜、胜鑫、正辉、神宇、胜利胜机、大王金泰、胜利金岛、广泰、广兴、骏马、胜油钻采、宝世达 |
| 小型企业 | 16 | 胜利中意、铁人、海鑫、海润、大东联、百华、和辰、汉德、德美、永兴、大金科技、赛瓦、永利、博润、昊特、新宁 |
| 合计 | 35 | |

注：企业类型根据企业规模来划分。2003年5月，国家统计局根据原国家经贸委、国家计委、财政部和国家统计局4部委联合发布的《中小企业标准暂行规定》，制定了《统计上大中小型企业划分办法（暂行）》（以下简称《办法》），并于2003年统计年报开始执行。《办法》从企业销售收入、员工数量、资产总额等指标对我国工业企业的规模进行划分，本书即采用此《办法》。

资料来源：实地调研。

## 第二节　东营市石油装备制造业的产业链分析

在实地调研资料的基础上，笔者通过企业查询、政府网站、电话访谈、聊天软件咨询等方式对东营市部分石油装备制造企业的资料进行了搜集、整理和汇编。主要关注企业的主营产品、产业链环节、前后向联系、企业性质和概况、企业发展历程、研发投入、创新产出等内容。最终，得到东营市石油装备制造企业的产业链分布和创新效率情况（见图7-1）。

东营市石油装备制造业集群的产业链包括勘探测井、钻井、采油、油气集输等。勘探测井产业链环节有胜利伟业、胜利物探等技术型研发企业，研发智能化测井仪器和设备的孚瑞特和高原等集团企业；钻井产业链环节有生产石油钻机和海洋钻机的科瑞集团和胜利高原集团，也有生产钻井工具和配套零部件的胜利孚瑞特和胜利胜机等制造商；采油产业链环节的产品从抽油设备、采油工具到智能控制系统等各方面，涉及的企业范围也很广，既有胜利高原、科瑞、孚瑞特等龙头企业，也有胜鑫防腐、胜利

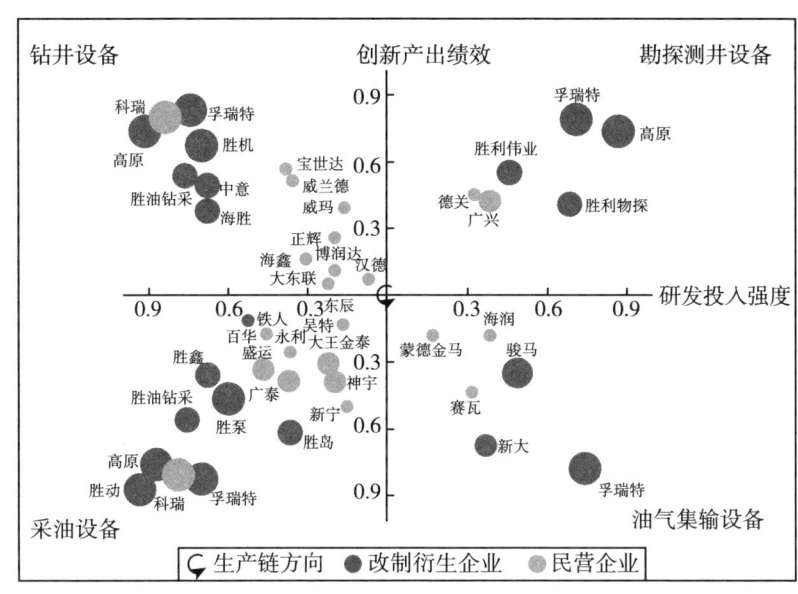

**图 7-1　东营市石油装备制造企业的产业链分布和创新效率图**

注：圆圈大小代表企业规模。

资料来源：实地访谈和网络资料等基础上整理得到。

胜机等中间力量，还有一大批生产井下配套工具的中小民营企业；最后一个产业链环节是油气集输设备，包括输油管、压缩机、运油车等，企业有新大、孚瑞特等。还有许多产业链上的关键组件和支撑产品，胜动集团等企业研发生产的发电机组，胜利泵业、宝世达等中小企业生产开发的各类石油装备制造业配套产品。

由图 7-1 可知，东营市石油装备制造企业中的改制衍生企业的规模、相对创新投入和创新产出均显著高于民营企业，民营企业由于资金、技术和人员的限制只能关注产业链的某一特定环节，许多民营企业也只做石油装备的配套产品，技术含量低，标准化程度高；而一些大型改制企业如胜利高原、胜利孚瑞特、胜利胜动等占据了产业链上的多个环节。在石油开采过程的前端环节（勘探测井），民营企业少有涉及，这一方面与设备专有化程度和细分市场产品利润有关，技术要求也相对较高；另一方面则是因为一些改制企业的前身与胜利油田勘探队、地质调查大队等科研院所性质的单位，其历史发展和先天优势决定了企业的发展定位和产业链位置。

## 第三节
## 东营市石油装备制造企业创新合作的结网途径

在产业集群中,企业依靠地理邻近和正式非正式联系可以很容易地获取关于新产品、行业动态、技术升级和生产过程改良的信息,这些信息能够使它们保持对外部变化和创新需求的警觉,并积极探索寻求合作伙伴的途径和方式。已有研究主要关注企业的共同学习、知识溢出和技术扩散等方面以研究企业创新合作的结网途径和发生机制。Capello（1999）[1]认为集群网络中知识流动包括员工流动、企业衍生、企业间的正式非正式网络联系三种途径。魏江（2003）[2]基于中国现实,总结归纳出企业衍生、人才流动和企业专业化合作网络是产业集群内行为主体共同学习的主要机制。Keeble和Lawson（1999）[3]利用管理学的理论视角和分析方法,以剑桥产业集群为研究对象进行研究,结果也表明企业衍生、技术研发人员的本地化流动等途径。

参考Trippl等（2009）[4]的研究,在实地调研的基础上,本书从两个维度对东营市石油装备制造业创新联系类型进行划分（见表7-2）。第一个维度分为创新过程中贸易和非贸易关系[5]（Storper,1997）。贸易和正式关系涉及货币或其他补偿形式,实现了特定的知识流动,而在非贸易和非正式关系中没有特定的直接补偿。第二个维度分为知识交流的静态和动态两方面[6]（Capello,1999）。静态的知识交流指的是现有的技术或知识从一个行为主体转移到另一个行为主体。相比之下,动态的知识交流描述了

---

[1] Capello R. Spatial Transfer of Knowledge in High Technology Milieux: Learning Versus Collective Learning [J]. Regional Studies, 1999, 33 (4): 353.
[2] 魏江. 产业集群——创新系统与技术学习 [M]. 北京: 科学出版社, 2003.
[3] Keeble D, Lawson C, Moore B, et al. Collective learning processes, networking and 'institutional thickness' in the Cambridge region [J]. Regional Studies, 1999, 33 (4): 319-332.
[4] Trippl M, Lengauer L. Knowledge sourcing beyond buzz and pipelines: evidence from the Vienna software sector [J]. Economic Geography, 2009, 85 (4): 443-462.
[5] Storper M. The regional world [M]. New York: Guilford Press, 1997.
[6] Capello R. SME clustering and factor productivity: A milieu production function model [J]. European Planning Studies, 1999 (7): 719-735.

"集体通过互动实现了知识拥有量的增加"的情况。基于这个分析框架,本书确定了四种结网途径:市场关系、研发网络、溢出与扩散和非正式网络,每种途径还包含若干具体的结网行为。

表7-2　　　　　东营市石油装备制造企业的创新结网途径

| | 静态联系(知识转移) | 动态联系(知识创造) |
|---|---|---|
| 正式/贸易关系 | 市场关系<br>·技术咨询和专利授权<br>·购买中间产品 | 研发网络<br>·国家/省级重大项目<br>·研发设施共享<br>·研发联盟 |
| 非正式/非贸易关系 | 溢出与扩散<br>·人才流动<br>·参加展会和会议<br>·企业衍生 | 非正式网络<br>·培训班<br>·行业协会 |

资料来源:在Trippl等(2009)基础上修改得到。

## 一、市场关系

市场关系指的是"嵌入式"技术和知识的购买,如购买机器、信息和信息通信设备、软件、许可证。企业特别是后进企业在缺乏关键性或必要性技术和产品时,通常会使用这一手段。在改进、消化和吸收的基础上实现新知识和技术的"无中生有",这种市场关系通常伴随着知识尤其是显性知识的传递,空间联系范围不只局限于本地。通过对东营市石油装备制造企业市场关系的调研,我们发现其基于市场关系的结网途径主要有购买中间产品、技术咨询、专利授权。

(一)购买中间产品

……尤其是像我们出口的修井机,举个例子。修井机,客户可能指定,我的发动机用卡特或用底特律的;电气系统,人家指定用瑞士ABB,或是西门子,或者日本的牌子。所以,我们的石油装备水平是在全球中相互沟通、相互了解,都是站在国际领先

>　　水平上来做这个石油装备……
>
>　　——胜利油田胜利动力机械集团有限公司负责人，2013年6月7日

　　石油装备制造业的发展十分依赖一些核心部件、驱动系统和控制装置的性能，而这些中间产品又存在诸多共性技术和专业化设计，在整个装备制造领域都有需求和市场。由于国内装备制造业的技术水平还未达到全球领先，东营市石油装备制造企业较为依赖全球技术创新的力量。笔者从调研中了解到，许多东营市石油装备制造企业都是借助中石化的关系网进行国际合作，在开办国际分公司和办事处、博士后流动站时都是与中石化或中石油进行合作。

## （二）技术咨询和专利授权

　　技术咨询和专利授权是市场关系中的另一途径。东营石油装备的一些初创企业和中小企业技术创新能力较为薄弱，在胜利油田的市场份额和话语权占比也较小，它们一般以产学研合作的方式进行创新。在这一过程中，中小企业很少直接参与研发过程，而是实行"企业出资、学研机构研发"的模式。企业获得专利权，学研机构获得报酬。许多网络关系都是依托之前在胜利油田的人事关系或同事关系建立的，也有一些是企业技术人才的师生关系和同学关系，网络空间尺度不只局限于本地，也会延伸至省内甚至国内。

>　　……我们与胜利油田的防砂室搞合作，主要用于采油防砂……采油的原理，防砂的一些工艺定位都在采油院。我们跟它们合作，我们的市场比较广，而他们有工艺……因为一套采油管牵涉到很多的部件，我们只提供防砂管，采油院有自己的人员……
>
>　　……想研发这个产品，只要几个股东开会都同意，拿出一部分资金，协调这方面你的专家，石油大学有很多专家，我们协调他们帮我们搞一些研发。工艺上面也有很有科技研发公司……我们经常邀请青岛科技大学，他们比较有权威，我们与他们有长期的合作研发，他们给我们指导……
>
>　　——东营百华石油技术开发有限公司负责人，2013年6月8日

## 第七章 东营市石油装备制造业创新网络的内在机理

……与采油工业院合作的这种方式是当年我在胜利油田上班的时候（建立的），因为和这个单位有业务来往，下来之后，我自己就把这个关系给建立了。当时公司遇到一个技术难题，标准处理、防腐这块，产品质量一直不行，××教授给我帮的忙，解决了这个问题以后，我们开始长期联系了，包括产品啊，她研发的产品也叫我帮着做，我有技术难题，她就帮我做课题、搞资料。这么多年来合作一直很默契，遇到困难很快就能顺利解决……

——山东大东联石油设备有限公司经理，2013年6月9日

### 二、研发网络

相比于市场关系，基于研发合作的网络更加持久，它不仅涉及给定技术或知识的交流，还涉及集体知识库的增加，是一种集体学习的动态过程。东营市石油装备制造业的创新网络在特定的合作伙伴间建立具有不同的形式：主要包含研发联盟、研发设施共享、国家重大项目等。由于研发合作在寻找合作伙伴时具有高度的选择性，其空间范围也较广。

#### （一）国家/省级重大项目

东营市石油装备制造企业和其他相关机构者在承担国家重大项目、攻克产品和技术难题、建设高水平产业基地方面表现突出。2009年1月，东营石油装备特色产业基地获国家科技部"火炬计划"批复建设。2011年，基地被列为山东省创新基金支持产业集群试点。2013年，科技部批准东营建设国家石油装备高新技术产业化基地。目前，东营国家石油装备高新技术产业化基地已建成国家级工程技术研究中心1家，省级10家；国家级企业技术中心1家，省级13家。

在国家政策支持引导下，东营市石油装备基地获得诸多重大项目、技术攻关项目、产业和技术中心的落户。2005～2013年，东营市石油装备基地累计实施省级以上科技项目超过100项。其中，福利德公司和中国石油大学（华东）、胜利油田钻井工艺研究院三方合作的"深水油气田智能完

井关键技术"列入国家"863 计划"项目，已申请 5 项发明专利；山东科瑞机械制造有限公司和胜利油田采油院等单位合作的"ZJ90/5850DB 海洋钻井装备"列入省自主创新专项，突破了海洋钻机系统设计与制造、钻井系统集成与腐蚀防护技术等关键技术，授权专利达到 20 项，其中发明专利 3 项。成像测井仪等列入省自主创新成果转化重大科技专项；新型节能抽油机等 24 个项目获国家创新基金；钢质连续抽油杆等产品填补国内空白；顶驱等 21 项产品被列入省重点领域首台（套）技术装备及企业名单（见表 7-3）。

表 7-3　东营市石油装备制造业获省级以上重大项目一览表

| 重点项目类别 | 项目名称 | 相关组织和单位 |
| --- | --- | --- |
| 科技部"火炬计划" | 国家石油装备高新技术产业化基地 | 国家级工程技术研究中心 1 家，省级 10 家；国家级企业技术中心 1 家、省级 13 家 |
| 国家"863 计划"项目 | 深水油气田智能完井关键技术 | 福利德公司、中国石油大学（华东）、胜利油田钻井工艺研究院 |
| 国家创新基金 | 新型节能抽油机等 24 个项目 | 山东宝世达石油装备、东营海森密封技术有限公司、胜利油田海胜钻井等 |
| 省自主创新专项 | ZJ90/5850DB 海洋钻井装备 | 山东科瑞机械制造有限公司、胜利油田采油院 |
| 省重大科技专项 | 成像测井仪、连续油管等项目 | 胜利油田高原石油装备有限责任公司、山东胜利伟业石油工程技术服务有限公司等 |
| 省重点领域首台（套）技术装备及企业名单 | 顶部驱动钻井生产装置等 21 项产品 | 胜利油田孚瑞特石油装备有限责任公司、山东陆海钻采科技有限公司等 |

资料来源：根据调研和网络资料整理得到。

## （二）研发联盟和研发设施共享

除了通过国家重大专项、省级重大项目的合作之外，集群内企业还借助研发联盟实现协同创新和一体化配置的发展要求。例如，企业和政府共创共建山东省石油装备产业技术创新联盟,为企业的信息共享和技术合作提供服务。企业还可以借助产业技术创新联盟这一平台,在人才培养、配套服务、资源整合等方面加强与基地内其他企业的交流互动,大型企业关注高端技术的研发和服务、核心零部件和系统的研发生产等;中小企业则在工具类产品的生产和制造方面为其做配套服务。胜利高原公司就通过产业链的合作方式带动了集群内其他36家中小企业的发展,实现了双赢局面。再如,东营市科学仪器设备协作共用网通过资源整合、信息共享、第三方信用等方式获得了52台(套)总价值超过5500万元的仪器和设备,在促进资源共享、提高使用效率、增强创新能力等方面发挥了积极作用。

> ……在东营这个范围内,大家可能有一个共识(成立研发联盟)。最早在我们高原,杨总提出一个石油装备联盟,当时提出这个东西,但是没运作起来……记得我们杨总讲到几大中心:销售中心、生产中心、科技中心、宣传中心、检测中心、海外中心,(希望通过)6大中心能把东营(石油装备企业)集合起来……
>
> ——胜利油田高原石油装备有限责任公司负责人,
> 时间2013年6月8日

## 三、溢出与扩散

知识溢出和技术扩散不涉及合同签署或正式补偿,它是一种真正的外部性形式,这种外部性通常具有强烈的本地化特征。东营市石油装备制造业的溢出与扩散源于各种机制,如人才流动、参加展会和会议、企业衍生等形式。

### (一)参加展会和会议

商人和专家经常聚在一起出席会议、贸易展览会和代表会。在各类展会和会议上,人们可以向同行和竞争者、顾客和供应者展示最新和最先进的发现、发明和产品。组织或参与这种集会意味着确定当前的市场前沿、明确自身定位并规划未来发展。这些展览会展示了诸如知识溢出、信息扩散等类似于产业集群的许多特质，这以一种临时的、周期性的强化形式展现永久性集群的特质，故可被理论化为"临时性产业集群"[①]。这类展会和会议在促进知识流动、建立关系和深化信任等方面发挥着重要作用。我们在调研中了解到，对于一些大企业，参加展会还有扩大影响力、提升知名度、展示实力的原因。

……通过展览会（拓展客户），我们集团下属企业，参加一些阿联酋展会，认识新的朋友。也通过开发新产品开发渠道。我们知道客户有需求，通过走访、市场调研，根据状况，自身技术开发新产品……我们也每年参加东营本地的展会，政府特别重视引导……

——山东威兰德有限公司负责人，2013 年 6 月 7 日

……我们一定参与，主展商。目的都有，很多来看科瑞的。我觉得是展示实力。希望全球客商来这里，看到科瑞的实力，看到山东东营的实力……

——山东科瑞石油装备有限公司负责人，2013 年 6 月 7 日

东营市及周边地区企业间相识度较高，许多企业之间、员工之间都相当熟悉。展会作为一个短时间内的交流平台，为他们培养感情、加深信任创造了条件。

……这展会一直都参加，也有许多老朋友在……之前就通知老客户了，有机会过来坐坐，互相串门，互相聊一聊，加深感情……

——东营百华石油技术开发有限公司参展人员，2013 年 9 月 18 日

……我们的客户，中石油，中石化每年组织一次技术论坛，还有其他的交流。比如原材料的价格，价格的浮动，价格调整，这都要进行商谈……

——山东宝世达石油装备制造有限公司负责人，2013 年 6 月 8 日

---

① Maskell P, Bathelt H, Malmberg A. Building global knowledge pipelines: the role of temporary clusters [J]. European Planning Studies, 2006, 14 (8): 997-1013.

对东营 35 家企业的研究显示，94.3%的受访企业参加过展会及展会期间举办的各类学术和技术研讨会，各类会议还会涉及合同和交易协议的签订。不同类型企业参加的展会也有所不同。对于改制企业、国有企业和小微民营企业而言，由于客户和市场集中于国内和本地，因此大多还是参加东营本地和国内的展会较多。其中，大庆、东营、喀什等地的石油装备展会，中石化、中石油往往是协办方或承办方，其自身也参加展会。改制企业和国有企业依附于这些国企控制的油田市场，小微企业的资金和能力不足以参与国际展会，其市场定位也主要关注于国内油田。只有小部分大中型民营企业如科瑞、威兰德、威玛等，因为市场和技术能力的关系，也会参加迪拜、休斯敦等地的国际展会，获取全球市场信息，参与国际竞争。鉴于市场、垄断产业、路径依赖和企业能力等多方面特性的影响，参加展会和会议的目的主要关注已有合作伙伴的巩固和联系，空间上也集中于本地，且结网途径还依赖于中石化、中石油等客户，最终导致东营大部分石油装备企业合作网络的结构单一，受下游国企制约较大，封闭性较强。

### （二）企业衍生

2000 年，中石化改组上市，许多隶属单位和部门从胜利油田分离出来，成为改制企业。与此同时，本地大量民间资本抓住机会，或建立起技术和人员联系，或直接吸收成立新企业，一时间本地石油装备制造企业如雨后春笋般冒出来。对东营 17 家企业的面对面访谈中，笔者发现衍生企业的数量超过一半（见图 7-2）。

胜利油田的改制重组使东营本地石油装备企业数量快速增加，一些油田下属单位改变所有制形式成为独立法人企业。虽然不像之前母子企业间的技术交流和信息扩散那样方便，但是，受制度、市场和文化环境等因素的多重影响，衍生企业之间、衍生企业和胜利油田间的创新联系仍十分密切。

> ……国内市场主要是指以中石油、中石化、中海油等国属石油公司为主，其他地方有自主石油开采权的石油公司为辅，并且国内市场一般实行准入制度，即只有国属石油公司的内部企业或

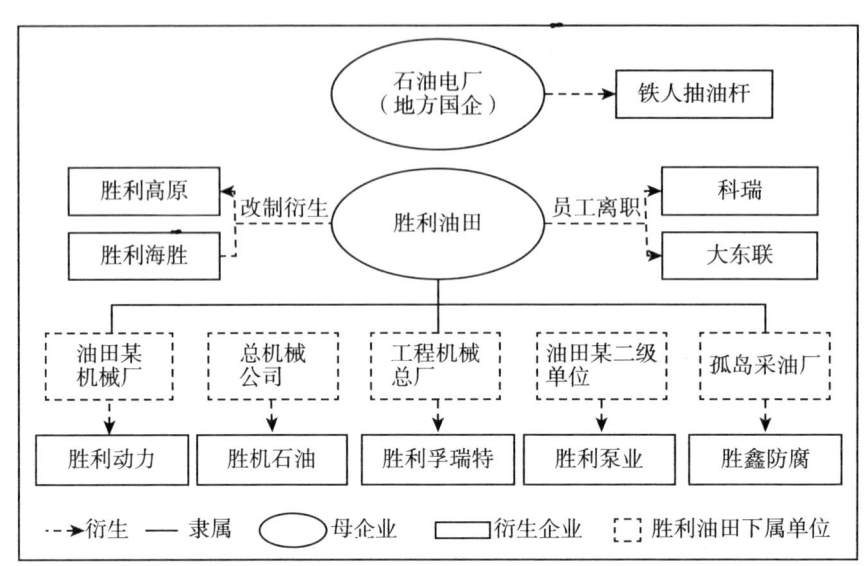

**图 7-2 东营市石油装备企业衍生情况示意图**

资料来源：作者自行整理所得。

是拿到油田市场准入证的石油装备制造业企业才能进行销售经过40多年的积累，大部分油田改制存续企业，总是和油田保持着千丝万缕的联系。因原属同一企业，人脉可以相互利用，所以，彼此之间的交流非常频繁……

——东营市经济和信息化委员会官员，2013年6月7日

……这么说吧，我们东营市内部这些企业，交流非常频繁，我们人也互相参考，非常多。因为原来就是石油性的企业，包括这个领导层交流跟他们交流。他们的领导也是我们的领导，他们的职工原来就是我们的职工……

——胜利油田胜机石油装备有限公司负责人，2013年6月7日

从调研中笔者了解到，衍生企业的创新联系主要集中于胜利油田，一些国内外的客户和供应商联系也是通过中石化的关系网进行合作（如新疆油田、大庆油田、休斯敦的石油企业）。与此同时，东营石油装备制造业更易与胜利油田下属的研究机构（如地质科学研究院、物探设计研究院、钻井工艺研究院、采油工艺研究院、勘察设计研究院和技术检测中心）结

成研发同盟,形成产学研创新合作网络。由于衍生企业与母企业具有类似的知识基础和认知,相互之间也更加信任。企业区位邻近油田附近,在政府引导下的面对面交流也更加普遍,密切的强联系网络使创新网络中的"结构洞"较少。

>……政府在企业创新过程中发挥重要的牵线搭桥作用,经常会组织我们出去参观、考察,邀请一些高层次企业到本地进行交流。在创新合作方面,政府积极实现企业与大学的产学研对接……
>
>——胜利油田胜利动力机械集团有限公司负责人,
>时间2013年6月7日

>……联系很多,(开发区)管委会经常召集我们石油装备开会,互相交流。产品说说,还有遇到什么困难,对吧?这其实很多,管委会是我们的上级领导……
>
>——胜利油田高原石油装备有限责任公司负责人,
>时间2013年6月8日

### (三)人才流动

人才流动就是指人才在机构和组织间的流动,它包含"跳槽""挖角"等形式,业缘、学缘和地缘关系在这一过程中发挥着重要作用。一方面,企业的"挖角"会瞄准自己所熟知、信得过的技术人员,如同事、同学或同乡等;另一方面,技术人员自身的主动"跳槽"也会关注于那些熟人开办或任职的企业。例如,山东科瑞公司副总经理曾借助前同事关系说服现技术部某工程师跳槽进入科瑞。此外,科瑞现有的一些技术人员一开始只是在科瑞作技术兼职,后来对科瑞的认同感加深,30~40岁从胜利辞职进入科瑞,为科瑞的发展起了决定性的作用。

本地的人才流动呈现出极强的本地化特点。而在选择跳槽对象时也都主要基于自身的私人关系网络,这种私人关系网络是社会资本的主要体现,由于许多技术人员多从胜利油田出来,许多人之前就认识并形成了一些固定的圈子,因此这些关系网络的封闭性和强关系性均较强。

## 四、非正式网络

企业和组织间存在的非正式网络是基于信任、对问题和目标的共同理解及对公共规则和行为规范的接受度。虽然通常没有正式和货币补偿知识的流动,但从长远来看存在人情关系等方面的互利互惠。非正式网络主要基于人际关系进行结网,在聚会活动、闲聊攀谈中实现共同学习和知识库增加,东营市石油装备制造业非正式网络的结网途径主要有培训班、行业协会等。

### (一)培训班

在政府引导下开展的各类培训班可以很好地促进企业和企业、企业和学研机构间的联系,企业高层和技术人员在培训班上可以互相熟识,甚至有些之前就是朋友关系或师生关系。例如,东营市经济开发区科技局经常组织区内企业参加各类形式培训班,如山东省科技型小微企业专利信息利用能力提升培训班;东营市知识产权局和开发区科技局联合举办的企业专利战略与保护培训班;这些培训班大多在中国石油大学(华东)举办,促进了产业技术人才、商界精英和高校知识分子的关系结网。此外,东营市工会每年还会组织本地企业的技术人员进行"比武"活动,不仅提升了人才的技术能力,更是对人际关系网络的极大丰富。

还有一些自身实力较强、资金雄厚的石油装备企业通过成立校企合作的专业培训班和授课班(如"科瑞班""高原班"),建立人才资源储备。同时通过这些技术人员的关系更好地加深产学研的合作强度。

> ……每年都从石油大学招聘本科及以上毕业生,石油工程机械,机电一体化人员,少部分管理人员。前几年每年平均招300名大学生,与石油大学和山东大学签订定向协议,另外在东营市职业学院,有专业的技术人员,中专和大专,成立有专门的科瑞班,只要科瑞班人员学业、面试、操作合格就招进来了,他们实习基地也在这……与中国石油大学(华东)的合作,包括语言类的合

作，语言类全球范围内有的语言我们都招，西班牙语的翻译超过了50名，最早是要求翻译，现在招懂语言的商务人员和技术人员，门槛也比较高的，要求8级双语……

——山东科瑞石油装备有限公司负责人，2013年6月7日

## （二）行业协会

笔者在调研中发现，东营本地政府和行业协会对东营市石油装备制造业的发展倾注了大量的精力和热情，每年定期举办的高层会议将各企业的老总、经理和高级技术人员聚集在一起进行面对面的交流，了解情况、互通有无。平时不熟悉或不常见面的也可以通过开会讨论的形式建立起非正式联系。这不仅增进了本地石油装备企业间的信任，减少了恶性竞争和不必要的成本开支，更重要的是为企业搭建了一个信息互动、交流和共享的平台，增进共同学习。

……我们东营区有石油装备协会，定期要开会的。我没有参加过，这都是企业老总参加的。每个企业坐在一起讲讲自己的发展优势、发展方向，每个企业都有发展过程中的对抗冲突。企业老板一起聚聚也是可以的，至少不会打架。我在发展这个，你在发展那个，也有好处，企业老板掌握企业的发展方向……

——胜利油田高原石油装备有限责任公司经理，2013年6月8日

……东营市有一个石油装备协会，协会经常组织我们参加行业交流。有些资源共享，特别是一些双方的产品可以互补，他的产品可以供应我，我的产品可以供应你，所以这样就串起来了……

——山东宝世达石油装备制造有限公司总经理，2013年6月8日

相比其他区域，东营市石油装备制造产业拥有更加多样和频繁的非正式联系。首先，我国石油装备制造业是极具垄断性的行业，在国内基本由中石油、中石化和中海油三大国企控制。虽然国企改制措施使许多下属单位从中分离出来，但是由于人事关系和历史原因，各单位之间仍保持着极为紧密的联系。其次，中国存在着较为浓厚的"关系"思想，山东人的集

体主义和乡情观念较为典型，这对非正式联系的产生和维持具有极大的促进作用，而这种非正式联系网络的封闭性和空间根植性特征也更加明显。

## 本章小结

本章在对东营石油装备制造业集群35家企业进行问卷调查和深度访谈的基础上，探究了东营市石油装备制造业创新网络的结网途径和内在机理。研究表明，市场关系（包括技术咨询和专利授权、购买中间产品）、研发网络（包括国家/省级重大项目、研发设施共享、研发联盟）、溢出与扩散（包括人才流动、参加展会和会议、企业衍生）和非正式网络（培训班、行业协会）是主要的结网方式和途径。中石化和胜利油田在企业的全球结网过程中发挥重要的"守门员"作用，本地联系网络和人际关系网络交织复杂，主体在网络内受制约程度较高，网络中"结构洞"较少，强联系占据主导。虽然一些网络关系涉及跨区域甚至全球联系，但考虑到产业特性、历史演化、制度体制等方面的因素，网络的封闭性和内生性特点仍十分明显。

# 附录

# 附录一　东营石油装备制造企业访谈提纲

(2013年6月6日—6月10日)

1. 企业在同行中的地位如何？与同行企业的交流情况（本地与外地）？

2. 企业选择在此落户的原因？公司有没有拓展计划？在何种地方？基于何种考虑？

3. 本地的上下游企业配套如何？与本地的供应商与客户联系情况？主要的客户、供货商有哪些，在什么地方？

4. 与大学与科研机构合作交流情况？

5. 新产品的生产与市场销售情况：企业正在研发的产品，新的研发成果有哪些？新产品的研发成功率，市场反应如何？新产品销售占总销售的总额多少？

6. 企业有没有独立的研发部门？研发投入占销售总额比重？

7. 企业创新战略计划：企业实施的创新战略，和竞争对手相比，竞争优势和劣势有哪些？

8. 和同行企业相比，公司与其他创新伙伴的合作情况（例如创新伙伴数量、频率）？特别是与客户之间的交流情况？

9. 员工情况：员工的数量？技术研发人员数量，以及主要来自何处？公司如何吸引技术研发人员？是否有研发人员外流现象，流向何处？公司是否有强化员工素质的措施？

10. 公司对政府的公共服务评价如何？政府在创新过程中作用如何？对其有何建议与期待？

# 附录二 "中国装备制造业创新研究"调研问卷

尊敬的女士/先生,您好!

本问卷是华东师范大学城市与区域规划研究院、德国吉森大学经济地理系联合进行的一项学术研究。在我国经济增长方式从粗放向集约转变过程中,装备制造业将发挥重要作用。当前掌握装备制造业发展现状成为中央政府亟待解决的问题。因此,我们将利用展览会这一平台对相关企业开展调研,为政府决策提供科学依据。我们郑重承诺,本调查仅供学术研究之用,内容不涉及企业的商业机密,所获信息用于建模统计研究,请您放心并客观地填写。感谢您的支持!

## 第一部分 产品信息

1. 参展的机械产品中,贵公司最新的机器是什么?

| 产品类型 | 具体名称<br>(例如:S000CD) | 产品上市时间<br>(年份/月份) | 出口比例 | 与竞争者相比的价格水平 | | |
|---|---|---|---|---|---|---|
| | | | | 低的 | 中等的 | 高的 |
| | | | | | | |

2. 该机器部件的生产及来源情况(可多选,请打√)

| 有没有此部件 | | 自主设计和开发 | 与客户共同开发 | | 逆向工程 | 购买 | | 购买知识产权 | | 仅仅组装 |
|---|---|---|---|---|---|---|---|---|---|---|
| | | | 国内的 | 国外的 | | 国内的 | 国外的 | 国内的 | 国外的 | |
| ☐ | 外壳 | | | | | | | | | |
| ☐ | 驱动系统 | | | | | | | | | |
| ☐ | 核心部件 | | | | | | | | | |

续表

| 有没有此部件 | | 自主设计和开发 | 与客户共同开发 | | 逆向工程 | 购买 | | 购买知识产权 | | 仅仅组装 |
|---|---|---|---|---|---|---|---|---|---|---|
| | | | 国内的 | 国外的 | | 国内的 | 国外的 | 国内的 | 国外的 | |
| ☐ | 控制装置 | | | | | | | | | |
| ☐ | 其他的机械元件 | | | | | | | | | |
| ☐ | 系统集成 | | | | | | | | | |

3. 贵公司对该机器的售后服务？　　☐有　　☐没有

4. 该机器是新产品吗？（请打√）

☐在国际市场上的新产品　☐在中国市场上的新产品　☐仅对本公司而言是新产品

5. 2012年，该机器创造的销售额占贵公司总销售额的比例是____%

6. 该机器有哪些特别卖点？_____

自主创新的部分所占比例是_____%；

本公司生产部分所占的比例是_____%

7. 该机器是贵公司最具创新的产品吗？　　☐是　　☐否

8. 2012年，贵公司销售量最高的机器是？

| 产品类型 | 具体名称（例如：S000CD） | 产品上市时间（年份/月份） | 出口比例 | 与竞争者相比的价格水平 | | |
|---|---|---|---|---|---|---|
| | | | | 低的 | 中等的 | 高的 |
| | | | | | | |

9. 2012年，新产品（上市时间从2010年到2012年）销售额占贵公司总销售额的比例是_____%

10. 2012年，大陆市场的销售额占总销售额的比例是_____%（如果只有大陆市场，第11题不需作答）

11. 2012年，贵公司最重要的海外市场（包括港澳台）是：

国家/地区_____，占比_____%；国家/地区_____，占比

_____%；国家/地区_____，占_____%。

## 第二部分　创新情况

1. 贵公司与哪些重要的合作伙伴，共同研发新的机器产品，按重要性从高到低选择填写数字：

| | 伙伴类型 | 所在区域 | 联系频率 | 关系亲密度 |
|---|---|---|---|---|
| 主要合作伙伴信息 | 1 = 大学<br>2 = 公共的研究机构<br>3 = 私立的研究机构<br>4 = 客户<br>5 = 供应商<br>6 = 同行业企业<br>7 = 咨询公司<br>8 = 其他的合作伙伴（请说明） | 1 = 外国（请说明）<br>2 = 跨国<br>3 = 本国<br>4 = 本省<br>5 = 本市<br>6 = 本地（车程半小时范围内） | 1 = 每天<br>2 = 每周<br>3 = 每月<br>4 = 每年<br>5 = 更久<br>6 = 不清楚 | 1 = 非常紧密<br>2 = 紧密<br>3 = 疏远<br>4 = 非常疏远 |
| 第一重要 | | | | |
| 第二重要 | | | | |
| 第三重要 | | | | |
| □我们没有合作伙伴 | | | | |

2. 请您对贵公司做出评价：（从三个选项中选择一项，请打√）

| | 符合 | 计划中是这样 | 不符合 |
|---|---|---|---|
| 我们是国内的技术领先者 | | | |
| 我们是世界的技术领先者 | | | |
| 我们的产品比国内的竞争对手有更高的质量 | | | |
| 我们的产品比全球的竞争对手有更高的质量 | | | |
| 我们的产品比国内的竞争对手有更便宜的价格 | | | |
| 我们的产品比全球的竞争对手有更便宜的价格 | | | |

续表

| | 符合 | 计划中是这样 | 不符合 |
|---|---|---|---|
| 我们通过更低的价格来获取更高的销售额 | | | |
| 在研发方面,我们比我们的竞争对手投入更多 | | | |
| 我们根据客户的愿望和需求制造产品 | | | |
| 我们引进并调整国外的技术以使其适应中国市场 | | | |
| 我们的工程师自主研发产品 | | | |
| 我们和客户共同开发产品 | | | |
| 我们比竞争对手反应更灵活 | | | |

3. 贵公司的主要竞争对手来自(国家/地区):＿＿＿＿＿＿＿＿＿＿

4. 贵公司最重要的客户来自:

| 国家 | 省份 | 城市 | 开始合作的年份 |
|---|---|---|---|
| | | | |

5. 您认为,对于一个创新的公司,哪三项特征是最为重要的?

| | |
|---|---|
| 1. | |
| 2. | |
| 3. | |

6. 政府支持方面的重要程度:(请评价其重要性,从1~5重要性依次递增,请在合适的选项处打√)

| | | 1(不重要) | 2 | 3 | 4 | 5(非常重要) | 没有经验 |
|---|---|---|---|---|---|---|---|
| 提供资金 | 直接提供 | | | | | | |
| | 通过研究项目 | | | | | | |
| | 通过银行贷款 | | | | | | |
| 员工培训 | | | | | | | |
| 员工招聘 | | | | | | | |

续表

|  | 1（不重要） | 2 | 3 | 4 | 5（非常重要） | 没有经验 |
|---|---|---|---|---|---|---|
| 政府的牵线搭桥作用 |  |  |  |  |  |  |
| 帮助进入新市场 |  |  |  |  |  |  |
| 帮助企业选址 |  |  |  |  |  |  |
| 其他（请说明） |  |  |  |  |  |  |

7. 政府最应该从哪些方面给予支持，以提高公司的创新绩效。请就下列措施，按重要性排序

| A. 政府的服务效率 | B. 资金方面的奖励 | C. 产业集聚 | D. 引进专业人员 | E. 优惠和扶持政策 |
|---|---|---|---|---|
| F. 改善基础设施 | G. 保护知识产权 | E. 其他方向（请说明） | _____ > _____ > _____ ||

8. 今后三年，贵公司有哪些重要的投资计划？

| 第一重要 |  |
|---|---|
| 第二重要 |  |
| 第三重要 |  |

## 第三部分　公司概况

1. 贵公司是：　　□总公司　　□地区总公司　　□子公司
2. 该公司主要功能（可多选）：
□生产企业　　□研发企业　　□销售企业　　□其他（请说明）
注：以下问题针对上述公司
3. 贵公司的所有制性质：
□国有　　□集体　　□民营　　□三资（内资控股）
□三资（外资控股）　　□港澳台独资　　□外商独资
4. 贵公司年销售收入：
□1000万元以下　　□1000万~5000万元　　□5000万~1亿元
□1亿~10亿元　　□10亿~50亿元　　□50亿元以上

5. 贵公司研发投入占销售收入的比重：
□2%以下　　□2%~4%　　□4%~6%　　□5%~8%
□8%~10%　　□10%以上

6. 员工数量_____人　　其中，研发人员数量：_____人；具有本科及以上学历的员工数量：_____人

7. 贵公司的融资方式？（可多选，请打√）

| 企业内融资 | | 金融系统融资 | | | | | | | 私人关系 | | 政府资助 | 社会投资 | 其他的 |
|---|---|---|---|---|---|---|---|---|---|---|---|---|---|
| 企业职工 | 总部投资 | 银行 | | | 风险投资 | 私募基金 | 股票市场 | 其他的 | 亲戚 | 朋友 | | | |
| | | 大陆 | 港澳台 | 国外 | | | | | | | | | |
| | | | | | | | | | | | | | |

# 附录三　2013年东营市油田装备制造业部分改制企业名单

| 编号 | 企业名称 | 所在区县 |
|---|---|---|
| 1 | 胜利油田中意石油技术有限公司* | 东营区 |
| 2 | 胜利油田胜利动力机械有限公司* | 东营区 |
| 3 | 胜利油田高原石油装备有限责任公司* | 东营区 |
| 4 | 胜利油田胜鑫防腐有限责任公司* | 东营区 |
| 5 | 胜利油田孚瑞特石油装备有限责任公司* | 东营区 |
| 6 | 胜利油田金岛实业有限公司* | 河口区 |
| 7 | 胜利油田海胜实业有限责任公司* | 河口区 |
| 8 | 胜利油田胜利泵业有限公司* | 东营区 |
| 9 | 胜利油田胜机石油装备有限公司* | 东营区 |

续表

| 编号 | 企业名称 | 所在区县 |
|---|---|---|
| 10 | 山东胜利新大实业集团有限公司 | 东营区 |
| 11 | 胜利油田长安控股集团有限公司 | 东营区 |
| 12 | 胜利油田新邦建设开发有限责任公司 | 东营区 |
| 13 | 胜利油田胜利建设监理有限责任公司 | 东营区 |
| 14 | 山东广域科技有限责任公司 | 东营区 |
| 15 | 山东胜利通海集团有限公司 | 河口区 |
| 16 | 胜利油田长龙橡塑有限责任公司 | 东营区 |
| 17 | 胜利油田胜利评估咨询有限公司 | 东营区 |
| 18 | 山东胜油固井工程技术有限公司 | 东营区 |
| 19 | 胜利油田龙玺石油工程服务有限责任公司 | 东营区 |
| 20 | 胜利油田胜利软件有限责任公司 | 河口区 |
| 21 | 胜利油田中胜实业有限公司 | 东营区 |
| 22 | 胜利油田利丰工贸有限公司 | 东营区 |
| 23 | 胜利油田胜利自动化开发有限责任公司 | 东营区 |
| 24 | 胜利油田渤海固井工程技术有限责任公司 | 河口区 |
| 25 | 胜利油田康贝工贸有限公司 | 东营区 |
| 26 | 山东胜油钻采机械有限公司 | 东营区 |
| 27 | 胜利油田博友泥浆技术有限责任公司 | 东营区 |
| 28 | 山东海盛海洋工程集团公司 | 河口区 |
| 29 | 胜利油田北方实业有限公司 | 河口区 |
| 30 | 胜利油田固邦石油装备有限公司 | 东营区 |
| 31 | 胜利油田集兴石化安装有限公司 | 东营区 |
| 32 | 胜利油田供应方圆石油装备有限公司 | 东营区 |
| 33 | 胜利油田胜源实业开发有限公司 | 东营区 |
| 34 | 胜利油田富邦实业有限公司 | 垦利县 |
| 35 | 胜利油田东方实业投资有限公司 | 河口区 |
| 36 | 胜利油田胜兴实业有限公司 | 东营区 |
| 37 | 胜利油田胜华实业有限公司 | 东营区 |
| 38 | 胜利油田新海兴达有限公司 | 东营区 |

续表

| 编号 | 企业名称 | 所在区县 |
|---|---|---|
| 39 | 胜利油田奥凯龙石油工程有限公司 | 东营区 |
| 40 | 胜利油田胜利化工有限责任公司 | 东营区 |
| 41 | 胜利油田管具公司 | 东营区 |
| 42 | 胜利油田鸿胜石油工程有限公司 | 河口区 |
| 43 | 山东胜利方圆实业集团有限公司 | 东营区 |
| 44 | 胜利油田凯源石油开发有限责任公司 | 东营区 |
| 45 | 胜利油田利威石油技术有限公司 | 东营区 |
| 46 | 胜利油田山友石油技术有限公司 | 东营区 |
| 47 | 山东新大通石油环保科技股份有限公司 | 东营区 |
| 48 | 胜利油田鲁胜石油开发有限责任公司 | 东营区 |

注：标 * 为本书实地调研和访谈的改制企业。

# 参考文献

[1] 曹贤忠,曾刚,司月芳. 网络资本、知识流动与区域经济增长:一个文献述评 [J]. 经济问题探索,2016 (6):175-184.

[2] 常颖. 全球竞争下大庆石油装备制造业升级的产业链分析 [J]. 中外企业家,2014 (21):31.

[3] 陈爱贞. 全球竞争下中国装备制造业升级制约与突破 [M]. 经济科学出版社,2012.

[4] 陈柳钦. 新形势下中国石油金融战略研究 [J]. 全球科技经济瞭望,2012,27 (1):3-8.

[5] 陈伟,张永超,马一博,等. 区域装备制造业产学研创新网络的实证研究——基于网络结构和网络聚类的视角 [J]. 科学学研究,2012,30 (4):96-107.

[6] 陈伟,周文,郎益夫. 集聚结构、中介性与集群创新网络抗风险能力研究——以东北新能源汽车产业集群为例 [J]. 管理评论,2015,27 (10):204-217.

[7] 迟冰芮,卢玺. 装备制造业产业技术创新联盟模式构建研究 [J]. 中国市场,2014 (7):94-99.

[8] 党兴华,常红锦. 网络位置、地理临近性与企业创新绩效:一个交互效应模型 [J]. 科研管理,2013,34 (3):7-13.

[9] 东营市招商局国内投资促进中心. 东营石油装备制造业情况调研报告 [C]. http://www.mpbdy.gov.cn/.

[10] 董慧梅,侯卫真,汪建筝. 复杂网络视角下的高新技术产业集群创新扩散研究——以中关村产业园为例 [J]. 科技管理研究,2016,36 (5):149-154.

[11] 盖文启,王缉慈. 全球化浪潮中的区域发展问题 [J]. 北京大学学报哲学社会科学版, 2000 (6): 23-31.

[12] 盖文启. 创新网络——区域经济发展新思维 [M]. 北京: 北京大学出版社, 2002.

[13] 郭毅, 朱扬帆, 朱熹. 人际关系互动与社会结构网络化——社会资本理论的建构基础 [J]. 社会科学, 2003 (8): 64-74.

[14] 李丹丹, 汪涛, 周辉. 基于不同时空尺度的知识溢出网络结构特征研究 [J]. 地理科学, 2013, 33 (10): 1180-1187.

[15] 李海东. 基于社会网络分析方法的产业集群创新网络结构特征研究——以广东佛山陶瓷产业集群为例 [J]. 中国经济问题, 2010 (6): 25-33.

[16] 李宏舟. 对国外产业集群经济效果及其形成机制的综述与评论 [J]. 经济地理, 2008 (4): 607-611.

[17] 李守伟, 朱瑶. 合作创新网络结构特征对企业创新绩效的影响研究——以新能源汽车产业为例 [J]. 工业技术经济, 2016, 35 (11): 137-144.

[18] 李晓彦. 我国石油装备制造企业自主创新机制研究 [D]. 武汉理工大学, 2011.

[19] 刘亮, 曾刚. 国际暂时性集群发展研究——以国际展览会为例 [J]. 世界地理研究, 2012, 21 (1): 131-138.

[20] 刘伟, 盖文启. 从区域创新环境视角看北京市高新技术产业的竞争力 [J]. 北京社会科学, 2003 (2): 3-12.

[21] 刘志高, 尹贻梅, 孙静. 产业集群形成的演化经济地理学研究评述 [J]. 地理科学进展, 2011, 30 (6): 652-657.

[22] 吕国庆, 曾刚, 顾娜娜. 基于地理邻近与社会邻近的创新网络动态演化分析——以我国装备制造业为例 [J]. 中国软科学, 2014 (5): 97-106.

[23] 吕国庆, 曾刚, 郭金龙. 长三角装备制造业产学研创新网络体系的演化分析 [J]. 地理科学, 2014, 34 (9): 1051-1059.

[24] 吕国庆, 曾刚, 马双, 等. 产业集群创新网络的演化分析——以

东营市石油装备制造业为例 [J]. 科学学研究, 2014, 32 (9): 1423-1430.

[25] 吕国庆. 中国装备工业创新网络研究 [D]. 上海: 华东师范大学, 2016.

[26] 马双, 曾刚, 吕国庆. 基于不同空间尺度的上海市装备制造业创新网络演化分析 [J]. 地理科学, 2016, 36 (8): 1155-1164.

[27] 马双, 曾刚, 吕国庆. 集群非正式联系的形成及其对技术创新的影响——以东营市石油装备制造业为例 [J]. 经济地理, 2014, 34 (10): 104-110.

[28] 马双, 曾刚. 技术合作对企业创新绩效的影响研究——以我国装备制造业为例 [J]. 华东经济管理, 2016, 30 (5): 160-165.

[29] 马双, 曾刚. 我国装备制造业的创新、知识溢出和产学研合作——基于一个扩展的知识生产函数方法 [J]. 人文地理, 2016 (1): 116-123.

[30] 苗长虹. 全球—地方联结与产业集群的技术学习——以河南许昌发制品产业为例 [J]. 地理学报, 2006, 61 (4): 425-434.

[31] 綦良群, 王巍, 马健. 黑龙江省装备制造业产业链现状及特点分析 [J]. 工业技术经济, 2008, 27 (2): 63-68.

[32] 阮平南, 张光莹, 刘晓燕. 基于 CiteSpace 的技术创新网络研究现状分析 [J]. 科技管理研究, 2015, 35 (21): 53-57.

[33] 尚勇敏. 中国区域经济发展模式的演化 [D]. 上海: 华东师范大学, 2015.

[34] 盛亚, 范栋梁. "结构洞"分类理论及其在创新网络中的应用 [J]. 科学学研究, 2009, 27 (9): 1407-1411.

[35] 施宏伟, 郭君. 基于"结构洞"约束的跨企业融知与融知路径选择模型 [J]. 软科学, 2013, 27 (1): 99-103.

[36] 史焱文, 李二玲, 李小建. 地理邻近、关系邻近对农业产业集群创新影响——基于山东省寿光蔬菜产业集群实证研究 [J]. 地理科学, 2016, 36 (5): 751-759.

[37] 司月芳, 曾刚, 曹贤忠, 等. 基于全球—地方视角的创新网络研究进展 [J]. 地理科学进展, 2016, 35 (5): 600-609.

[38] 孙笑明, 崔文田, 王乐. "结构洞"与企业创新绩效的关系研

究综述 [J]. 科学学与科学技术管理, 2014 (11): 142-152.

[39] 唐华. 高新技术产业集群创新系统的构建 [J]. 财经科学, 2004 (6): 70-73.

[40] 滕堂伟. 生物医药产业集群创新网络结构演化及其空间特性 [J]. 兰州学刊, 2015 (12): 185-191.

[41] 王缉慈. 超越集群: 中国产业集群的理论探索 [M]. 科学出版社, 2010.

[42] 王缉慈. 创新的空间 [M]. 北京大学出版社, 2001.

[43] 王秋玉, 吕国庆, 曾刚. 内生型产业集群创新网络的空间尺度分析——以山东省东营市石油装备制造业为例 [J]. 经济地理, 2015, 35 (6): 102-108.

[44] 王秋玉, 曾刚, 吕国庆. 中国装备制造业产学研合作创新网络初探 [J]. 地理学报, 2016, 71 (2): 251-264.

[45] 武建龙, 王宏起. 基于专利的高新技术企业集群创新网络结构分析方法及实证 [J]. 中国科技论坛, 2010 (8): 74-80.

[46] 徐振宇. 社会网络分析在经济学领域的应用进展 [J]. 经济学动态, 2013 (10): 61-72.

[47] 许婷婷, 吴和成. 基于因子分析的江苏省区域创新环境评价与分析 [J]. 科技进步与对策, 2013, 30 (4): 124-128.

[48] 杨中华, 庄芳丽, 卫武. 国内外知识链研究进展 [J]. 科技管理研究, 2009 (6): 537-540.

[49] 伊丹敬之, 松岛茂, 橘川武郎. 产业集群的本质 [M]. 日本东京: 有斐阁, 1998.

[50] 俞会新, 许爱萍, 路文杰, 等. 技术创新与装备制造业的发展——以河北省为例 [J]. 技术经济与管理研究, 2011 (6): 48-51.

[51] 喻卫斌, 崔海潮. 产业集群形成与演化机理研究 [J]. 西北大学学报 (哲学社会科学版), 2005, 35 (3): 113-116.

[52] 曾刚, 林兰, 樊鸿伟. 论技术扩散的影响因子 [J]. 世界地理研究, 2006, 15 (1): 1-8.

[53] 曾刚, 林兰. 跨国公司技术溢出与溢出地技术区位研究——以

上海浦东新区为例 [J]. 世界地理研究, 2007, 16 (4): 98-105.

[54] 曾刚, 司月芳. 上海陆家嘴金融产业集群发展研究 [J]. 地域研究与开发, 2008, 27 (3): 39-43.

[55] 曾刚, 文嫮. 上海浦东信息产业集群的建设 [J]. 地理学报, 2004, 59 (z1): 59-66.

[56] 张冬. 东营市石油装备制造业产业集群发展问题研究 [D]. 山东师范大学, 2012.

[57] 张其仔. 社会网与基层经济生活——晋江市西滨镇跃进村案例研究 [J]. 社会学研究, 1999 (3): 27-36.

[58] 张铁男, 罗晓梅. 产业链分析及其战略环节的确定研究 [J]. 工业技术经济, 2005, 24 (6): 77-78.

[59] 张云伟. 跨界产业集群之间合作网络研究 [D]. 华东师范大学, 2013.

[60] 赵建吉. 全球技术网络及其对地方企业网络演化的影响 [D]. 华东师范大学, 2011.

[61] 赵炎, 郭霞婉. "结构洞"度对联盟网络中企业创新绩效的影响研究——基于中国家用视听设备制造业企业联盟网络 [J]. 科技进步与对策, 2012, 29 (17): 76-81.

[62] 朱子明. 长三角多中心巨型城市区域的空间结构与产业功能演变研究 [D]. 华东师范大学, 2015.

[63] Ahuja G. Collaboration networks, structural holes, and innovation: A longitudinal study [J]. Administrative science quarterly, 2000, 45 (3): 425-455.

[64] Amin A, Thomas D. The negotiated economy: state and civic institutions in Denmark [J], Economy and Society, 1996, 25: 255-281.

[65] Amin A, Thrift N. Globalisation, institutional "thickness" and the local economy [A]. in Healey P et al., Managing Cities: the new urban context [C]. Chichester: John Wiley and Sons, 1995: 91-108.

[66] Amin A. An institutionalist perspective on regional economic development [J]. International Journal of Urban and Regional Research, 1999, 23:

365 – 378.

[67] Antràs P, Helpman E. Global sourcing [J]. Cepr Discussion Papers, 2004, 112 (3): 552 – 580.

[68] Argyris C, Schon D. Organisational learning: atheory of action perspective [M]. Reading, MA: Addison Wesley, 1978.

[69] Arndt S W, Kierzkowski H. Fragmentation: new production patterns in world economy [J]. Oup Catalogue, 2001, 92 (17): 171 – 191.

[70] Arthur W B. Competing technologies, increasing returns, and 'lock – in' by historical events [J]. Economic Journal, 1989, 99: 116 – 131.

[71] Arthur W B. Increasing returns and path dependence in the economy [M]. Michigan: Michigan University Press, 1994.

[72] Arthur W B. Self – reinforcing mechanisms in economics [M]. In P. Anderson, K. Arrow and D. Pines (eds) The Economy as an Evolving, Complex System. Reading, MA: Addison – Wesley, 1988: 9 – 31.

[73] Asheim B T, Isaksen A. Regional innovation systems: the integration of local 'sticky' and global 'ubiquitous' knowledge [J]. The Journal of Technology Transfer, 2002, 27 (1): 77 – 86.

[74] Asheim B T. Learning, innovation and participation: nordic experiences in a global context with a focus on innovation systems and work organization [M]. Palgrave Macmillan UK, 2011.

[75] Asheim B T, Coenen L. Knowledge bases and regional innovation systems: Comparing Nordic clusters [J]. Research Policy, 2005, 34 (8): 1173 – 1190.

[76] Asheim B, Coenen L, Moodysson J, et al. Constructing knowledge – based regional advantage: implications for regional innovation policy [J]. International Journal of Entrepreneurship & Innovation Management, 2007, 7 (2): 140 – 155.

[77] Asheim T, Coenen L. Contextualising Regional Innovation Systems in a Globalising Learning Economy: On Knowledge Bases and Institutional Frameworks [J]. The Journal of Technology Transfer, 2006, 31 (1): 163 – 173.

[78] Aydalot P. Milieux innovateur en Europe [C]. Paris: Groupe de Recherche European sur les Milieux Innovateurs (GREMI), 1986.

[79] Baker E, Iyer V. Information networks and market behavior [J]. Journal of Mathematical Sociology, 1992, 16 (4): 305 – 332.

[80] Baker W E. The social structure of a national securities market [J]. American Journal of Sociology, 1984, 89 (4): 775 – 811.

[81] Bathelt H, Boggs J S. Toward a Reconceptualization of Regional Development Paths: Is Leipzig's Media Cluster a Continuation of or a Rupture with the Past? [J]. Economic Geography, 2003, 79 (3): 265 – 293.

[82] Bathelt H, Glückler J. Toward a relational economic geography [J]. Journal of Economic Geography, 2003, 3 (2): 117 – 144.

[83] Bathelt H, Li P F. Global cluster networks – foreign direct investment flows from Canada to China [J]. Journal of Economic Geography, 2013, 13: 3 – 14.

[84] Bathelt H, Malmberg A, Maskell P. Cluster and knowledge: local buzz, global pipelines and the process of knowledge creation [J]. Progress in Human Geography, 2004, 28: 31 – 56.

[85] Bathelt H, Zeng G. Strong growth in weakly – developed networks: Producer – user interaction and knowledge brokers in the Greater Shanghai chemical industry [J]. Applied Geography, 2012, 32 (1): 158 – 170.

[86] Becattini G. The Marshallian industrial district as a socio – economic notion [M]. In F. Pyke, G. Becattini and W. Sengenberger (eds) Industrial Districts and Inter – firm Co – operation in Italy, Geneva: International Institute for Labour Studies, 1992: 37 – 51.

[87] Belderbos R, Carree M, Lokshin B. Cooperative R&D and firm performance [J]. Research Policy, 2004, 33 (10): 1477 – 1492.

[88] Borgatti S P, Foster P C. The network paradigm in organizational research: a review and typology [J]. Journal of Management, 2003, 29 (6): 991 – 1013.

[89] Borrus M, Ernst D, Haggard S. International production networks in

Asia: rivalry or riches? [M]. London: Routledge, 2000.

[90] Boschma R A, Fritsch M. Creative Class and Regional Growth: Empirical Evidence from Seven European Countries [J]. Economic Geography, 2009, 85 (4): 391-423.

[91] Boschma R A, Lambooy J G. Evolutionary economics and economic geography [J]. Journal of Evolutionary Economics, 1999, 9 (4): 411-429.

[92] Boschma R A, Wenting R. The spatial evolution of the British automobile industry: Does location matter? [J]. Industrial & Corporate Change, 2007, 16 (2): 213-238.

[93] Boschma R A, Weterings A B R. The effect of regional differences on the performance of software firms in The Netherlands [J]. Journal of Economic Geography, 2005, 5 (5): 567-588.

[94] Boschma R, Eriksson R, Lindgren U. How does labour mobility affect the performance of plants? The importance of relatedness and geographical proximity [J]. Journal of Economic Geography, 2009, 9 (2): 169-190.

[95] Boschma R. Editorial: role of proximity in interaction and performance: conceptual and empirical challenges [J]. Regional Studies, 2005, 39 (1): 41-45.

[96] Bottazi L, Peri G. Innovation and spillovers in regions: Evidence from European patent data [J]. European Economic Review, 2003 (47): 687-710.

[97] Bourdieu P. Le capital social: notes provisoires [J]. Actes Rech, 1980, 31: 2-3.

[98] Braczyk H, Cooke P, Heidenreich M. Regional innovation systems [M]. London: UCL Press, 1997.

[99] Burt R S. Bridge decay [J]. Social networks, 2002, 24 (4): 333-363.

[100] Burt R S. Structural holes [M]. Cambridge MA: Harvard University Press, 1992.

[101] Camagni R. Local milieu, uncertainty and innovation networks: towards a new dynamic theory of economic space [M]. London: Belhaven Press,

1991: 121 - 144.

[102] Capello R. SME clustering and factor productivity: A milieu production function model [J]. European Planning Studies, 1999 (7): 719 - 735.

[103] Caragliu A, Nijkamp P. Space and knowledge spillovers in European regions: the impact of different forms of proximity on spatial knowledge diffusion [J]. Journal of Economic Geography, 2016, 16 (3): 1 - 10.

[104] Castells M. Rise of the Network Society: The Information Age: Economy, Society and Culture [M]. Blackwell Publishers, Inc. 1996.

[105] Chaminade C, Vang J. Globalisation of knowledge production and regional innovation policy: Supporting specialized hubs in the Bangalore software industry [J]. Research Policy, 2008, 37 (10): 1684 - 1696.

[106] Christopherson S, Clark J. Remaking regional economies: Power, labor, and firm strategies in the knowledge economy [M]. London: Routledge, 2007.

[107] Coe N M, Dicken P, Hess M. Global production networks: Realizing the potential [J]. Journal of Economic Geography, 2008, 8: 271 - 295.

[108] Coe N M, Yeung W C. Global production networks 2.0 [M]. Global Production Networks, 2015.

[109] Coe N M, Hess M, Dicken P. Theme issue on global production networks: Debates and challenges [J]. Journal of Economic Geography, 2008, 8: 267 - 440.

[110] Coe N M, Hess M. Local and regional development: A global production network approach [M]. In: Pike A, Rodríguez - Pose A, Tomaney J (eds) Handbook of local and regional development. London: Routledge, 2011.

[111] Coleman JS. Social capital in the creation of human capital [J]. American Journal of Sociology, 1988, 94: 95 - 120.

[112] Coleman J. Foundations of social theory [M]. Belknap Press of Harvard University Press, 1990.

[113] Cooke P, Morgan K. The associational economy: firms, regions and innovation [M]. Oxford Univ. Press, Oxford, 1998.

[114] Cooke P, Morgan K. The regional innovation system in Baden - Wurttemberg [J]. International Journal of Technology Management, 1994, 9 (3): 394 - 429.

[115] Cooke P, Schall N, Schall N. Schumpeter and varieties of innovation: Lessons from the rise of regional innovation systems research [M]. Elgar Companion to Neo - Schumpeterian Economics, 2007: 896 - 925.

[116] Cooke P, Uranga M G, Etxebarria G. Regional innovation systems: Institutional and organisational dimensions [J]. Research Policy, 1997, 26 (4): 475 - 491.

[117] Cooke P. Regional innovation systems, clusters and the knowledge economy [J]. Industrial & Corporate Change, 2001, 10 (4): 945 - 974.

[118] Cooke P. Regional innovation systems: general findings and some new evidence from biotechnology clusters [J]. The Journal of Technology Transfer, 2002, 27 (1): 133 - 145.

[119] Crevoisier O. Financing regional endogenous development: the role of proximity capital in the age of globalization [J]. European Planning Studies, 1997, 5: 407 - 416.

[120] David P A. At lat: a remedy for chronic QWERTY - skepticism [Z]. Discussion Paper for the European Summer School in Industrial Dynamics. Institute d'Etudes Scientifiques de Cargese, 1999.

[121] David P A. The digital technology boomerang: New intellectual property rights threaten global open services [Z]. Working Paper 00016 Department of Economics, Stanford University, 2000.

[122] Defilippi R, Arthur M. Paradox in project - based enterprises: The case of filmmaking [C]. 1998: 125 - 139.

[123] Delgado M, Porter M E, Stern S. Defining clusters of related industries [J]. Journal of Economic Geography, 2016, 3 (16): 1 - 38.

[124] Dicken P, Kelly P, Olds K, Yeung H W C. Chains and networks, territories and scales: Towards an analytical framework for the global economy [J]. Global Networks, 2001, 1: 89 - 112.

[125] Dicken P. Geographers and 'globalization': another missed boat? Transactions of the Institute of British Geographers [J]. 2014, 29 (1): 5-26.

[126] Dicken P. Global shift: transforming the world economy [M]. Paul Chapman, 1998.

[127] Edquist C. Introduction: Systems of Innovation Approaches – Their Emergence and Characteristics [M]. in C. Edquist (ed.), Systems of Innovation: Technologies, Institutions and Organizations, London: Pinter, 1997: 1-35.

[128] Ellison G, Glaeser E L. The geographic concentration of industry: does natural advantage explain agglomeration? [J]. American Economic Review, 1999, 89 (2): 311-316.

[129] Elms DK, Low P. Global value chains in a changing world [M]. Geneva: World Trade Organization, 2013.

[130] Emst D, Kim L. Global production networks, knowledge diffusion and local capability formation [J]. Research Policy, 2002, 31 (8): 1417-1429.

[131] Emst D. Asia's 'Upgrading through innovation' strategies and global innovation networks: an extension of Sanjayalall's research agenda [J]. Transnational Corporations, 2008, 17 (3): 31-57.

[132] Eom B Y, Lee K. Determinants of industry – academy linkages and their impact on firm performance: The case of Korea as a latecomer in knowledge industrialization [J]. Research Policy, 2010, 39 (5): 625-639.

[133] Esbjörn Segelod, Jordan G. The use and importance of external sources of knowledge in the software development process [J]. R&D Management, 2004, 34 (3): 239-252.

[134] Fan C C, Scott A J. Industrial Agglomeration and Development: A Survey of Spatial Economic Issues in East Asia and a Statistical Analysis of Chinese Regions [J]. Economic Geography, 2003, 79 (3): 295-319.

[135] Fawcett P J. The creative destruction of medicine [J]. Perspectives on Science & Christian Faith, 2012, 64 (3): 294-296.

[136] Feser E J, Renski H, Koo J. Regional cluster analysis with inter-industry benchmarks [M]. In Goetz S. J., Deller S. C., and Harris T. R. (eds) Targeting Regional Economic Development, London: Routledge, 2009: 213-238.

[137] Florida R. Cities and the Creative Class [J]. City & Community, 2003, 2 (1): 3-19.

[138] Freeman C. Networks of innovators: of research issues [J]. Research Policy, 1991, 20: 499-514.

[139] Freeman C. The economics of technical change [J]. Cambridge Journal of Economics, 1994: 463-514.

[140] Fujita M, Krugman P, Venables A. The spatial economy - cities, regions and international trade [M]. Boston, MA: MIT Press, 1999.

[141] Garud R, Karnøe P. Bricolage versus breakthrough: distributed and embedded agency in technology entrepreneurship [J]. Research Policy, 2003, 32 (2): 277-300.

[142] Garud R, Karnøe P. Path dependence and creation [M]. London: Lawrence Erlbaum, 2001.

[143] Georgea G, Zahra S A, Wood D R. The effects of business-university alliances on innovative output and financial performance: A study of publicly traded biotechnology companies [J]. Journal of Business Venturing, 2002, 17 (6): 577-609.

[144] Gereffi G, Humphrey J, Kaplinsky R, et al. Introduction: globalisation, value chains and development [J]. IDS Bulletin, 2001, 32 (3): 1-8.

[145] Gereffi G. International trade and industrial upgrading in the apparel commodity chain [J]. Journal of International Economics, 1999, 48 (1): 37-70.

[146] Gereffi G. The reorganization of production on a world scale: states, markets and networks in the apparel and electronics commodity chains [M]. Regionalization and Labour Market Interdependence in East and Southeast Asia.

Palgrave Macmillan UK, 1997.

[147] Giuliani E, Bell M. The micro - determinants of meso - level learning and innovation: evidence from a Chilean wine cluster [J]. Research Policy, 2005, 34 (1): 47 - 68.

[148] Grabher G, The weakness of strong ties: the 'lock - in' of regional development in the Ruhrarea [M]. In G. Grabher (ed.) The Embedded Firm: On the Socio - Economics of Industrial Networks. London: Routledge, 1993.

[149] Grabher G. Cool projects, boring institutions: temporary collaboration in social context [J]. Regional Studies, 2010, 36 (3): 205 - 214.

[150] Grabher G. Fragile sector, robust practice: project ecologies in new media [J]. Environment & Planning A, 2002, 34 (11): 1911 - 1926.

[151] Grabher G. The Embedded Firm: On the Socio - Economics of Industrial Network [M]. London: Routledge, 1993.

[152] Granovetter M. Convergence stood on its head: a new look at Japanese and American work organization [J]. Contemporary Sociology, 1990, 19 (6): 789.

[153] Granovetter M. Economic action and social structure: the problem of embeddedness [M]. Blackwell Publishers, 1985: 481 - 510.

[154] Granovetter M. The strength of weak ties [J]. American Journal of Sociology, 1973 (78): 1360 - 1380.

[155] Grosjean P. The weight of history on European cultural integration: a gravity approach [C]. Paper presented at the 2011 Meeting of the American Economic Association, 2011.

[156] Grossman G M, Helpman E. Outsourcing versus FDI in Industry Equilibrium [C]. Princeton University, Woodrow Wilson School of Public and International Affairs, Discussion Papers in Economics. 2002: 317 - 327.

[157] Grossman G M, Rossi - Hansberg E. Trading Tasks: A Simple Model of Offshoring [J]. American Economic Review, 2008, 98 (5): 1978 - 1997.

[158] Gözübüyük R, Kock C J. Triad dynamics: structural holes, cliques

and the tragedy of brokers [J]. Ssrn Electronic Journal, 2011: 1 - 8.

[159] Hadjimichalis C. Uneven development and regionalism [M]. London: Croom Helm, 1986.

[160] Hagedoorn J, Cloodt M. Measuring innovative performance: is there an advantage in using multiple indicators? [J]. Research Policy, 2003, 32 (8): 1365 - 1379.

[161] Hall P. Innovation, economics and evolution: theoretical perspective on changing technology in economic systems [M]. London: Harvester Wheatsheaf, 1994.

[162] Hans L. Multinational firms and innovation [C]. In 47th Annual Meeting of the Western Regional Science Association, 2008.

[163] Harris R G. The knowledge - based economy: intellectual origins and new economic perspectives. International Journal of Management Reviews, 2001, 3 (1): 21 - 40.

[164] Harvie C. The rise of regional Europe [J]. London: Routledge, 2005.

[165] Henderson J, Dicken P, Hess M, Coe N M, Yeung H W C. Global production networks and the analysis of economic development [J]. Review of International Political Economy, 2002, 9: 436 - 464.

[166] Hippel V. The sources of innovations [M]. Oxford: Oxford University Press, 1988.

[167] Huggins R, Thompson P, Johnston A. Network capital, social capital and knowledge flow: how the nature of inter - organizational networks impacts on innovation [J]. Industry and Innovation, 2012 (19): 203 - 232.

[168] Jaffe A, Trajtenberg M, Henderson R. Geographic localization of knowledge spillovers as evidenced by patent citations [J]. Quarterly Journal of Economics, 1993 (79): 577 - 598.

[169] Johannessen J, Jens O D, Bjørn O. Organizing innovation: Integrating knowledge systems [J]. European Planning Studies, 1997, 5 (3): 331 - 349.

[170] Johnson B, Lundvall B. The learning economy [J]. Journal of Industry Studies, 1994, 1 (2): 23 – 42.

[171] Johnson B. Institutional Learning [M]. in B. Lundvall (ed.), National Systems of Innovation: Towards a Theory of Innovation and Interactive Learning, London: Pinter, 1992: 23 – 44.

[172] Jussila H, Segerståhl B. Technology centres as business environments in small cities [J]. European Planning Studies, 1997, 5 (3): 371 – 383.

[173] Jörg S, Udo S. The institutional embeddedness of project networks: the case of content production in German television [J]. Regional Studies, 2010, 36 (3): 215 – 227.

[174] Kalkowski P, Manske F. Innovation im Maschinenbau. Ein Beitrag zur Technikgeneseforschung. SOFI – Mitteilungen Nr. 29. Göttingen, 1993.

[175] Kevin M. The learning region: institutions, innovation and regional renewal [J]. Regional Studies, 1997, 31 (5): 491 – 503.

[176] Klepper S. The origin and growth of industry clusters: The making of Silicon Valley and Detroit [J]. Journal of Urban Economics, 2010, 67 (1): 15 – 32.

[177] Kogut B, Zander U. Knowledge of the firm, combinative capacities and the replication of technology [J]. Organization Science, 1992, 3 (3): 383 – 397.

[178] Krugman P. Geography and trade [M]. Leuven and Cambridge, MA: Leuven University Press and MIT Press, 1991.

[179] Krugman P. Good news from Ireland: a geographical perspective [M]. in A. Gray (ed.), International Perspectives on the Irish Economy, Dublin: Indecon, 1997.

[180] Krugman P. Increasing returns and economic geography [J]. Nber Working Papers, 1991, 99 (3): 483 – 499.

[181] Liefner I, Wei Y D. Geography and the research on contemporary China: Introduction to the Special Issue: foreign direct investment, innovation and regional economic development in China [J]. Erdkunde, 2011, 65 (1):

3 – 5.

[182] Liefner I, Zeug G. China's Medianical Engineering Industry. Offering the Potential for Indigenous Innovation [J]. In: Zhou Y, Lazonick, W, Sun Y F. (eds.): China as an Innovation Nation. Oxford Univ Press. 2016: 98 – 132.

[183] Lin N, Dumin M. Access to occupations through social ties [J]. Social Networks, 1986, 8 (4): 365 – 385.

[184] Lin N, Ensel W M, Vaughn J C. Social resources and strength of ties: structural factors in occupational status attainment [J]. American Sociological Review, 1981, 46 (4): 393 – 405.

[185] Lingo E L, O'Mahony S. Nexus work: brokerage on creative projects [J]. Administrative Science Quarterly, 2009, 55 (1): 47 – 81.

[186] Lu J, Ma X. The contingent value of local partners' business group affiliation [J]. The Academy of Management Journal 2008, 51: 295 – 314.

[187] Lundvall B A. National innovation systems: analytical concept and development tool [J]. Industry and Innovation, 2007, 14 (1): 95 – 119.

[188] Lundvall B Å, Johnson B. The learning economy [J]. Journal of Industry Studies, 1994 (1): 23 – 42.

[189] Lundvall B, Freeman C. Small countries facing the technological revolution [J]. Industry & Higher Education, 1988, 11 (1): 12 – 14.

[190] Lundvall B. National Systems of Innovation: Towards a Theory of Innovation and Interactive Learning [M]. London: Pinter, 1992.

[191] Lööf H, Heshmati A. Knowledge capital and performance heterogeneity: A firm – level innovation study [J]. International Journal of Production Economics, 2002, 76 (1): 61 – 85.

[192] Ma X, Yao X, Xi Y. How do inter – organizational and interpersonal networks affect a firm's strategic adaptive capability in a transition economy? [J]. Journal of Business Research 2009, 62: 1087 – 1095.

[193] MacKinnon D. Beyond strategic coupling: reassessing the firm – region nexus in global production networks [J]. Journal of Economic Geography, 2012, 12: 227 – 245.

[194] Malecki K C, Bekkedal M, Hanrahan L, et al. Linking childhood cancer with potential environmental exposure determinants [J]. Wmj Official Publication of the State Medical Society of Wisconsin, 2006, 105 (2): 32 - 35.

[195] Malerba F, Vonortas N S. Innovation Networks in Industries [J]. Books, 2009, 9 (1): 197 - 208.

[196] Malerba F. Sectoral Systems of Innovation. Concepts, Issues and Analyses of Six Major Sectors in Europe [M]. Cambridge: Cambridge University Press, 2004.

[197] Malmberg A, Maskell P. The elusive concept of localization economies: Towards a knowledge - based theory of spatial clustering [J]. Environment and Planning A, 2002 (34): 429 - 449.

[198] Malmberg A, Maskell P. Towards an explanation of regional specialization and industry agglomeration [J]. European Planning Studies, 1997, 5: 25 - 42.

[199] Malmberg A, Power D. How do firms in clusters create knowledge? [J]. Industry and Innovation, 2005 (12): 409 - 431.

[200] Markusen A. Sticky places in slippery space: A typology of industrial districts [J]. Economic Geography 1996, 72: 293 - 313.

[201] Marshall A. Principles of economics: an introductory volume [M]. Principles of economics: an introductory volume. Macmillan, 1920: 457.

[202] Martin R, Sunley P. Path dependence and regional economic evolution [J]. Journal of Economic Geography, 2006, 6 (4): 395 - 437.

[203] Maskell P, Malmberg A. Myopia, knowledge development and cluster evolution [J]. Journal of Economic Geography, 2007, 7: 603 - 618.

[204] Maskell P. Towards a Knowledge - based Theory of the Geographical Cluster [J]. Industrial and Corporate Change, 2001, 10 (4): 921 - 943.

[205] Mazzoleni R. Innovation in the Machine Tool Industry: A Historical Perspective on the Dynamics of Comparative Advantage [M]. In Mowery, D. and Nelson, R. (eds) Sources of Industrial Leadership. Cambridge: Cam-

bridge University Press, 1999.

[206] Menger C. Investigation into the method of the social sciences [M]. New York: New York University Press, 1883.

[207] Milberg W, Winkler D. Outsourcing Economics [M]. Cambridge: University Press, 2013.

[208] Miotti L, Sachwald F. Co-operative R&D: why and with whom? An integrated framework of analysis [J]. Research Policy, 2003, 32 (8): 1481-1499.

[209] Moodysson J. Principles and practices of knowledge creation: on the organization of "buzz" and "pipelines" in life science communities [J]. Economic Geography, 2008, 84 (4): 449-469.

[210] Morrison A. Gatekeepers of knowledge within industrial districts: who they are, how they interact [J]. Regional studies, 2008, 42 (6): 817-835.

[211] Nelson R. National innovation systems: a comparative analysis [M]. Oxford: Oxford University Press, 1993.

[212] Nieto M J, Santamaria L. The Importance of Diverse Collaborative Networks for the Novelty of Product Innovation [J]. Technovation, 2007, 27 (6): 367-377.

[213] Nordicity Group. Community experiences with information and communications technology-enabled development in Canada [C]. International Development Research Center, Canadian Government, 1997.

[214] North D C. Institutions, institutional change and economic performance [M]. Cambridge: Cambridge University Press, 1990.

[215] Oinas P. Activity-specificity in organizational learning: implications for analysing the role of proximity [J]. GeoJournal, 1999, 49 (4): 363-372.

[216] Perrons D. Towards a More Holistic Framework for Economic Geography [J]. Antipode, 2001, 33 (2): 208-215.

[217] Pinch S, Henry N. Paul Krugman's geographical economics, indus-

trial clustering and the British motor sport industry [J]. Regional Studies, 1999 (33): 815-827.

[218] Porter M E. Clusters and competition: New agendas for companies, governments, and institutions [M]. In Porter M. E. (ed.) On Competition, Boston: Harvard Business School Press, 1998, 197-299.

[219] Porter M E. The competitive advantage of nations [M]. New York: Free Press, 1990.

[220] Porter M. On Competition [M]. Cambridge: Harvard Business School Press, 1998.

[221] Powell W W. Learning from collaboration: knowledge and networks in the biotechnology and pharmaceutical industries. California Management Review, 1998, 40 (3): 228-240.

[222] Powell W, Grodal S. Networks of innovators [M]. In The Oxford handbook of innovation, ed. J. Fagerberg, D. Mowery, and R. Nelson, Oxford, U. K.: Oxford University Press, 2005: 56-85.

[223] Puffert D. Path dependence, network form and technological change [C]. Paper presented at the Conference to Honour Paul David – History Matters: Economic Growth, Technology, and Population, Stanford University, 2000.

[224] Putnam R. Making democracy work: civic traditions in modern Italy [M]. Princeton: Princeton Univ. Press, 1993.

[225] Quéré M. Innovative networks and the technopolis phenomenon: the case of Sophia – Antipolis [J]. Environment and Planning C: Government and Policy, 1993, 11 (3): 317-330.

[226] Rehfeld D. Disintegration and reintegration of production clusters in the Ruhr area [M]. In: Cooke, P. (Ed.), The Rise of the Rustbelt. UCL Press, London, 1995.

[227] Reinhold Grotz, Boris Braun. Territorial or Trans – territorial Networking: Spatial Aspects of Technology – oriented Cooperation within the German Mechanical Engineering Industry [J]. Regional Studies, 1997, 31

(6): 545-557.

[228] Romer P M. Human capital and growth: Theory and evidence [J]. Paul Romer, 1990, 32 (1): 251-286.

[229] Rui B, Swann P. Do firms in clusters innovate more? [J]. Research Policy, 1998, 27 (5): 525-540.

[230] Sabel C. Experimental regionalism and the dilemmas of regional economic policy in Europe [C]. Paris: OECD, 1995.

[231] Saxenian A. Regional advantage: culture and competition in Silicon Valley and Route 128 [M]. Cambridge, MA: Harvard University, 1994.

[232] Scott A J. Metropolitics: a regional agenda for community and stability [J]. American Journal of Sociology, 1998, 103 (4): 1141-1143.

[233] Scott A J. A world In emergence: Cities and regions in the 21st century [M]. Cheltenham: Edward Elgar, 2012.

[234] Scott A J. Regions and the world economy: The coming shape of global production, competition and political order [M]. Oxford: Oxford University Press, 1998.

[235] Scott A. From Silicon Valley to Hollywood: the multimedia industry in California [M]. In: Braczyk, H., Cooke, P., Heidenreich, M. (Eds.), Regional Innovation Systems. UCL Press, London, 1997.

[236] Segelod E, Jordan G. The use and importance of external sources of knowledge in the software development process [J]. R&D Management, 2004, 34 (3): 239-252.

[237] Setterfield M. A model of institutional hysteresis [J]. Journal of Economic Issues, 1993 (27): 755-774.

[238] Setterfield M. Historical time and economic theory [J]. Review of Political Economy, 1995 (7): 1-27.

[239] Setterfield, M. Rapid growth and relative decline: modelling macroeconomic dynamics with hysteresis [M]. London: Macmillan, 1997.

[240] Smilor R, Dietrich G, Gibson D. The entrepreneurial university: the role of higher education in the United States in technology commercialization

and economic development [J]. International Social Science Journal, 1993, 45: 1-11.

[241] Smith K. Economic infrastructures and innovation systems [M]. in C. Edquist (ed.), Systems of Innovation, London: Pinter, 1997.

[242] Soosay C A, Hyland P W, Ferrer M. Supply chain collaboration: capabilities for continuous innovation [J]. Supply Chain Management, 2008, 13 (2): 160-169.

[243] Sorenson O, Audia P G. The social structure of entrepreneurial activity: geographic concentration of footwear production in the United States, 1940-1989 [J]. American Journal of Sociology, 2000, 106: 424-462.

[244] Starkey K, Barnatt C; Tempest S. Beyond networks and hierarchies: Latent organizations in the UK television industry [J]. Organization science. 2000, 11 (3): 299-305.

[245] Storper M A, Venables A J. Buzz: the economic force of the city [J]. Journal of Economic Geography, 2004, 4: 351-370.

[246] Storper M, Scott A. The Wealth of Regions: Market Forces and Policy Imperatives in Local and Global Context [J]. Futures, 1995, 27: 505-526.

[247] Storper M. The regional world [M]. New York: Guilford Press, 1997.

[248] Storper M. The resurgence of regional economies, ten years later: The region as a Nexus of untraded interdependencies [J]. European Urban and Regional Studies 1995 (2): 191-221.

[249] Storper M. Worlds of production [M]. Harvard University Press, 1997.

[250] Sun Y F, Wen K. Uncertainties, imitative behaviours and foreign R&D location: explaining the over-concentration of foreign R&D in Beijing and Shanghai within China [J]. Asia Pacific Business Review, 2007, 23 (3): 405-424.

[251] Sunley P J, Martin R L. New path creation and the city-region economy: some conceptual issues and an exploratoty analysis [J]. National In-

stitute of Animal Health Quarterly, 2007, 14 (1): 33 - 34.

[252] Tanzi V. Government role and the efficiency of policy instruments [J]. Research Papers in Economics, 1995: 95 - 100.

[253] Ter Wal A L J, Boschma R A. Co - evolution of Firms, Industries and Networks in Space [J]. Regional Studies, 2011, 45 (7): 919 - 933.

[254] Tether B S. Who co - operates for innovation, and why. An empirical analysis [J]. Research Policy, 2002, 31 (6): 947 - 967.

[255] Thelen K. Historical institutionalism in comparative politics [J]. Annual Review of Political Science, 1999 (2): 369 - 404.

[256] Toby E. Vertical alliance networks: the case of university - biotechnology - pharmaceutical alliance chains [J]. Research Policy, 2007, 36 (4): 477 - 498.

[257] Trippl M, Lengauer L. Knowledge sourcing beyond buzz and pipelines: evidence from the Vienna software sector [J]. Economic Geography, 2009, 85 (4): 443 - 462.

[258] Tsang D. Growth of indigenous entrepreneurial software firms in cities [J]. Technovation, 2005 (25): 1331 - 1336.

[259] Un C A, Cuervo C A, Asakawa K. R&D Collaborations and Product Innovation [J]. Journal of Product Innovation Management, 2010, 27 (5): 673 - 689.

[260] UNCTAD. World investment report 2013. Global value chains: Investment and trade for development [C]. United Nations, New York, 2013.

[261] Unido V E. International practice in technology foresight [C]. 2002.

[262] Uzzi B. The Sources and consequences of embeddedness for economic performance of organizations: the network effect [J]. American Sociological Review, 1996, 61 (4): 674 - 698.

[263] Veblen T. Why is economics not an evolutionary science? [J] Quarterly Review of Economics, 1989 (12): 373 - 397.

[264] Veugelers R, Cassiman B. R&D cooperation between firms and uni-

versities. Some empirical evidence from Belgian manufacturing [J]. International Journal of Industrial Organization, 2005, 23 (5 - 6): 355 - 379.

[265] Wal A L J T, Boschma R A. Applying social network analysis in economic geography: framing some key analytic issues [J]. The Annals of Regional Science, 2009, 43 (3): 739 - 756.

[266] Wang J H, Lee C K. Global Production Network and Local Institutional Building: The Development of the Information Technology Industry in Suzhou, China [J]. Environment & Planning A, 2007, 39 (8): 1873 - 1888.

[267] Wang Y Q, Jin Q Y, Gong Y F, et al. The Improvement of Independent Innovation Capability in Petroleum Equipment Manufacturing Industry Based on Knowledge Integration [J]. Advanced Materials Research, 2013, 869 - 870: 1080 - 1084.

[268] Wei Y D, Wang C. Restructuring Industrial Districts, Scaling Up Regional Development: A Study of the Wenzhou Model, China [J]. Economic Geography, 2007, 83 (4): 421 - 444.

[269] Wengel J, Shapira P. Machine Tools: the Remarking of a Traditional Sectoral Innovation System [M]. In Malerba F. (ed.) Sectoral Systems of Innovation. Concepts, Issues and Analyses of Six Major Sectors in Europe. Cambridge: Cambridge University Press, 2004.

[270] Witt U. Evolutionary concepts in economics [J]. Eastern Economic Journal, 1992 (18): 405 - 419.

[271] Witt U. The evolving economy [M]. Cheltenham: Edward Elgar, 2003.

[272] Witt U. 'Lock - in' versus 'critical masses' - industrial change under network externalities [J]. International Journal of Industrial Organization, 1997 (15): 753 - 773.

[273] Yeung H W, Lin G C. Theorizing economic geographies of Asia [J]. Economic Geography 2003, 79 107 - 128.

[274] Yeung HW - C. Globalizing regional development in East Asia: Pro-

duction networks, clusters, and entrepreneurship [M]. London: Routledge, 2010.

[275] Yeung HW – C. Governing the market in a globalizing era: Developmental states, global production networks, and inter – firm dynamics in East Asia [J]. Review of International Political Economy, 2014, 21: 70 – 101.

[276] Yeung H. Regional development and the competitive dynamics of global production networks: an east Asian perspective [J]. Regional studies, 2009, 43 (3): 325 – 351.

[277] Yeung W C, Coe N. Toward a Dynamic Theory of Global Production Networks [J]. Economic Geography, 2015, 91 (1): 29 – 58.

[278] Yeung W C. Transnational Corporations, Global Production Networks, and Urban and Regional Development: A Geographer's Perspective on Multinational Enterprises and the Global Economy [J]. Growth and Change, 2009, 40 (2): 197 – 226.

[279] Zucker L G, Darby M R, Furner J, et al. Minerva unbound: Knowledge stocks, knowledge flows and new knowledge production ☆. Research Policy, 2007, 36 (6): 850 – 863.